굴절된 근대화
반쪽만의 현대화

3천 년 중국역사의 어두운 그림자 5

김택민 지음

저자 김택민 약력

고려대학교 대학원 문학박사
고려대학교 사범대학 교수

저서
『중국토지경제사연구』,
『중국고대 형법』(『동양법의 일반원칙』)

역주서
『역주당률소의』(명례편)·(각칙상)·(각칙하) 공역
『역주당육전』(상)·(중) 공역

논문
「수 양제의 훈관 폐지와 당대의 훈관 남수」
「수·당의 창업과 정통성」
「재당신라인의 활동과 공험(과소)」
「전한대의 상서와 영·평상서사」

역사에세이 9 굴절된 근대화, 반쪽만의 현대화

2006년 5월 20일 초판1쇄 인쇄
2006년 5월 30일 초판1쇄 발행

지은이 : 김택민
펴낸이 : 임성렬
펴낸곳 : 도서출판 신서원
　　　　서울시 종로구 교남동 47-2 협신빌딩 209호
　　　전화 : 739-0222·3　팩스 : 739-0224
　　　등록번호 : 제1-1805(1994.11.9)

ISBN : 89-7940-709-2

신서원은 부모의 서가에서 자녀의 책꽂이로
'대물림'할 수 있기를 바라며 책을 만들고 있습니다.
잘못된 책은 연락주세요.

역사에세이 9

굴절된 근대화
반쪽만의 현대화

엘리트들은 경전 공부와 과거 시험에 매달렸다. 경전을 공부하고 과거 시험에 합격하는 것 외에는 어떤 것도 가치를 인정하려 하지 않았다.

산업의 발전이나 과학 연구는 안중에 없었다. 다른 세계에 어떤 일이 일어나고 있는지 알려고도 하지 않았다.

근대 100년을 굴절된 세월로 보낸 원인은 무엇인가?

기득권을 보장해 주던 전통질서가 해체될 것이 두려워 민주주의·법치주의·합리주의 받아들이지 못한 것은 아닌가?

무서운 속도로 발전하는 중국이지만 반쪽만의 현대화의 길을 걷는 까닭은 무엇인가?

식인의 기억, 대동란의 기억, 황하의 죽음에 대한 기억, 이런 어두운 그림자를 드리우고 있는 역사가 그들의 머리를 무겁게 누르고 있는 탓일까?

차　례

책 속의
부귀영화

부자가 되기 위해 좋은 토지를 사들일 필요가 없나니
책 속에 그냥 천 석의 곡식이 놓여 있도다
편안히 살려 함에 호사한 집을 지을 필요가 없나니
책 속에 그냥 황금의 저택이 지어 있도다
문을 나섬에 따르면서 시중들 사람이 없음을 한탄하지 말라
책 속에 수레와 말이 무수히 있도다
아내를 얻으려 함에 좋은 중매가 없음을 한탄하지 말라
책 속에 여인이 있으되 얼굴이 옥과 같도다
남아로 태어나 평생의 뜻을 이루고 싶거든
육경六經을 창 앞에 두고 부지런히 읽으라

富家不用買良田　書中自有千鐘粟
安居不用架高堂　書中自有由金屋
出門莫恨無人隨　書中車馬多如簇
娶妻莫恨無良媒　書中有女顔如玉
男兒欲遂平生志　六經勤向窓前讀

이 시는 북송 진종眞宗의 '권학가勸學歌' 다. 황제가 젊은
이들에게 공부를 열심히 하라고 당부한 말 치고는 치졸하
기가 이를 데 없다. 그래서 후대 학자들의 비난의 표적이
되기도 했다. 학문은 경전을 공부해서 과거에 합격하여 부
귀영화를 누리기 위한 수단으로 인식되어서는 안되고 진
실로 자기 심성을 순화하고 인격을 고양하는 것을 우선으
로 삼아야 한다고 인식하는 유교 본연의 입장에서 볼 때
진종의 권학가는 비난받아 마땅할 것이다. 그렇지만 이 노
래야말로 중국인들의 삶 속에 내재되어 있는 현실적이고
실제적인 희망을 소박하게 표현하고 있다고 보아도 좋으
므로, 이 시는 중국 역사를 이해하는 데 중요한 단서를 제
공해 주는 좋은 자료이다.

사실 진종이 이같이 가식없이 직설적으로 재물과 미인
을 미끼로 사대부들을 유혹하는 듯한 노래를 지어 부른
데는 까닭이 있었다. 그의 백부인 태조 조광윤趙匡胤은 후
주後周의 금위군 대장으로 있다가 부하들의 강권을 못 이기
는 척하면서 정변을 일으켜 후주를 멸하고 스스로 황제로
즉위하여 송을 건국했다.(960) 이 때는 이런 행동 방식이
그다지 특별한 것은 아니었다. 그가 거사하기 전에도 정변
을 통한 정권 교체가 일곱 번이나 있었다. 때문에 그가 가
장 두려워한 것은 무장들 가운데 자기처럼 부하들의 강권
에 못 이겨 정권에 도전할 사람이 있을지도 모른다는 사실

이었다. 그래서 석수신石守信 등 부하 장수들을 주연에 초
대해 놓고 말했다.

　'나는 경들의 도움이 없었다면 천자 자리에 오르지 못했다.
경들의 은공이 크다는 것을 항상 느끼고 있다. 그러나 천자의
지위는 어렵고 절도사의 안락함에 미치지 못한다. 나는 천자
가 된 이후 하루도 편히 잠을 이루지 못하고 있다.'
　석수신이 그 까닭을 묻자 "모든 사람이 천자의 자리를 노리
기 때문이다" 하고 조광윤이 대답했다. 자리에 같이 있던 절
도사들이 모두 머리를 숙여 말하기를 '폐하는 어찌 그런 말씀
을 하십니까? 지금 천명이 이미 정해져 있는데 누가 감히 다
른 마음을 먹겠습니까' 라고 했지만, 태조는 오대 이래 성행해
온 사적 주종 관계와 이로 인해 빚어진 정변을 예로 들면서
"그렇지 않다. 경 등이 비록 다른 마음이 없더라도, 만약 휘하
에 부귀를 욕심내는 사람들이 일단 자네들의 몸에 황포를 입
혀주면, 자네들이 그렇게 하고 싶지 않아도 도리가 없지 않겠
는가?' 라고 대답했다.『송사』권1, 태조본기]

　조광윤 자신이 이미 부하들이 강제로 입혀주는 천자의
옷 황포黃袍를 못이기는 척 받아 입고 정변을 단행하여 황
제 자리를 차지했으므로 이를 흉내내어 자신의 지위를 노
리는 사람이 있을 것이 두려워 잠을 이루지 못하고 있는
심경을 피력한 것이다.

이에 장수들이 눈물을 흘리며 황제의 지시를 간청하자 태조가 이들에게 이르기를 "인생이란 달리는 흰말이 문틈으로 언뜻 스쳐 지나가는 순간처럼 짧고[白駒過隙], 부귀라는 것은 많은 금전을 쌓아두고 흠뻑 즐기며 자손들에게 전해 주는 것에 지나지 않는다. 경들은, 어찌 병권을 풀어두고 큰 지방관청의 장관으로 나가 좋은 밭과 집을 골라 사서 자자손손 부귀영화를 누리게 하고, 많은 가무단을 불러놓고 날마다 술 마시며 즐거움을 만끽하면서 생을 마치려 하지 않는가? 짐이 그대들과 혼인 관계를 맺으면 군신 사이에 간격도 없어져 서로 의심하고 시기하는 일도 없어질 것이고 서로 편안해질 것이니 또한 좋은 일이 아닌가?" 라고 했다.[『송사』 권1, 태조본기]

이 말을 들은 장수들은 병부를 반환했고, 이로써 자연스럽게 절도사들의 병권이 해제되어 문신 중심의 문치주의가 열리는 계기가 마련되었다.

역사서에서는 이 사건을 '술잔을 들고 병권을 회수했다'는 의미의 '배주석병권[杯酒釋兵權]' 사건이라 하고, 태조의 말을 '배주석병권사[杯酒釋兵權辭]'라고 한다. 진종의 '권학가'는 시의 내용이 비속해 보이는 점은 있으나 태조 때부터 추진되어 온 문치주의의 연장선상에서 보면 이해되는 측면이 없는 것도 아니다.

진종의 '권학가'나 태조의 '배주석병권사'는 다같이 고대광실 같은 집, 기름진 전답, 풍류와 미인으로 상징되는 부귀영화를 미끼로 유혹하고 있다는 점에서 흥미롭다. 다만 태조는 공신들에게 병권을 내놓으면 높은 관직을 줄 터이니 이를 밑천삼아 영화를 누리는 것이 어떠냐고 유혹하고 있고, 진종은 6경을 열심히 공부하여 과거에 합격하면 부귀영화가 보장되니 다른 생각하지 말라고 타이르고 있는 점이 다르다.

공신들은 무장 병력을 거느리고 있어 공신 자신이나 부하들의 부귀영화에 대한 욕심이 발동하면 언제 태도를 돌변하여 정변을 일으킬지 모른다. 그러므로 당장 병권을 회수하는 일이 급선무였고, 그 때문에 태조는 그들에게 관직을 주는 대신 무장을 해제하는 방법으로 오래 반복되어 온 정변의 고리를 끊었던 것이다.

절도사들의 무장은 해제되었지만 언제든지 다시 무장 세력이 대두하여 황제권을 위협할 수도 있다. 때문에 태조의 뒤를 이은 태종과 진종은 병권을 문신들에게 귀속시켜 무인들이 득세할 수 있는 길을 완전히 봉쇄함과 동시에 문신을 뽑는 과거 제도를 정비하는 데 총력을 기울였다. 이로써 과거가 관료로 출세하여 부귀영화를 보장받는 가장 유력한 길이 되었다. 진종이 '남아로 태어나 평생의 뜻을 이루고 싶거든 6경을 창 앞에 두고 부지런히 읽어라' 하고 권장한 말은 6경을 학습해서 과거에 합격하는 자, 즉 문신들을 중심으로 정국을 운영하겠다는 정책 의지의 표현이었다.

그러면 남아의 평생 뜻을 이루게 해준다는 6경은 무엇인가? 6경은 유가 경전의 총칭이다. 일찍이 한 무제는 제자백가를 억제하고 유가만을 존숭하면서 태학에 5경박사를 두고 제자를 교육하게 했다. 이 때 5경은 『시』·『서』·『역』·『예』·『춘추』를 가리키는 것으로 6경에 비해 하나가 부족한데, 이는 본래 『악樂』에 관한 경이 있었던 것이 산일되어 5경만 남게 되었기 때문이라고 한다. 그렇지만 '유가 경전 모두'라는 뜻으로 말할 때는 5경이라고 하지 않고 6경이라고 표현한다.

무제 이후 5경에 대한 연구가 깊어지고 새로운 경전들이 발굴되었으며 주석서들도 많이 나왔다. 『예』의 부류로는 『의례儀禮』·『예기禮記』·『주례周禮』가 나왔는데 이를 3례라 한다. 『춘추』는 원래 공자가 지은 춘추 시대의 역사서인데 매우 간략했기 때문에 여기에 주석을 단 책으로 읽혔다. 한나라 때가 되어 처음에는 공양씨公羊氏가 주석한 『춘추』를 주교재로 삼다가, 뒤에 곡량씨穀梁氏의 주석본이 주교재가 되었다. 전한 말기부터는 좌씨左氏의 주석본이 가장 많은 주목을 받았다. 이 세 가지를 춘추3전이라고 한다.

후한 시대 이후 3례와 3전이 차츰 경전과 같은 권위를 지니게 되었다. 그래서 『시』·『서』·『역』 3경과 3례 및 춘추3전을 합하여 9경이라고 불렀다. 또한 9경 외에 『효경孝經』·『논어論語』·『맹자孟子』·『이아爾雅』도 중시되어 경전과 같은 권위를 지니게 되었다. 앞의 9경과 뒤의 4개 책을 합하여 유가의 13경이라고 하며, 청나라 시대에는 이들 경전에 대한 연구를 집대성한 『십삼경주소十三經注疏』가 편찬되기도 했다.

□ 『시경詩經』: 『시』라고도 한다. 지금은 한나라의 모형毛亨이라는 사람이 해설을 단 책으로 전하기 때문에 『모시毛詩』라고도 한다. 서주 시대부터 춘추 시대까지 여러 나라 조정의 연회나 제사에서 연주되던 노래 및 민간 가요 305편을 모은 시집이다. 유가에서는 이 시들에 현실정치에 대한 풍자가 담겨 있고, 또한 이 시들을 읽으면 사람의 정서가 순화된다고 보아 경의 하나로 삼았다.

□ 『서경書經』: 『상서尙書』 또는 『서』라고도 한다. 상고 시대부터 춘추 시대까지 여러 왕조의 왕과 제후들의 정령政令을 모아 만든 책이다. 고대로부터 최고의 정치 교과서로 존중되어 왔다.

□ 『역경易經』: 『주역』 또는 『역』이라고도 한다. 역은 본래 점치기 위한 책이었지만 유가 사상가들에 의해 철학적·도덕적 해석이 가해져 경의 하나가 되었다. 역은 변역의 의미로 우주의 원리, 만물의 변천 및 일체의 인간 생활을 음양의 변화·생성·순환의 개념으로 설명하려는 것이다. 이 속에 깊은 교훈이 담겨 있다고 보아 경의 하나로 삼았다.

□ 『예禮』: 한무제 때의 예의 원형은 전하지 않는다. 전한 후기부터 후한에 걸쳐 『의례儀禮』·『주례周禮』·『예기禮記』의 3례가 출현하여 각각 경의 하나가 되었다.

『의례儀禮』: 사士에 관한 예가 많으므로 『사례士禮』라고도 한다. 사의 관례·혼례·상례 및 제례 따위가 중심 내용으로 되어 있다.

『주례周禮』: 『주관周官』이라고도 한다. 고대 통일 국가의 관제를 6관으로 나누고 그 아래 둔 360개〔실제는 이보다 적음〕 관직의 직제와 직무를 기록한 책이다. 이상적인 관제로 실제로 행해진 것은 아니었으나 후세 정치가들에게 이 책이 미친 영향은 컸다.

『예기禮記』: 고대의 의례·제도와 습속·예에 관한 통론 등 다양한 내용을 포괄하고 있다. 특기할 만한 것으로는 12달의 기후에 따라 천자가 행해야 하는 일을 기록한 월령月令, 학교 제도에 관한 학기學記, 음악 원리에 관한 악기樂記, 공자의 정치 이론을 기록한 방기坊記 등이 있다. 송 이후 경전으로 독립된 대학과 중용도 이 책의 일부분이다.

□ 『춘추』: 춘추는 공자가 지었다고 전하는 춘추 시대의 역사책이다. 춘추 시대라는 시대 명은 이 책에서 따온 것이다. 『춘추』는 매우 간략해서 일찍부터 이 책의 내용을 해설하고 보강하는 작업이 이루어졌던 듯하며, 전한 시대에는 『춘추공양전』·『춘추곡량전』·『춘추좌전』의 세 해설서가 태학에서 교재로 쓰이게 되었다. 이 세 책을 춘추3전이라고 하며 각각 경전의 하나가 되었다. 세 책 모두 역사서이자 군주와 신하들의 정치 교과서였다.

　『춘추공양전春秋公羊傳』: 공양씨가 지은 『춘추』 해설서이다. 3전 가운데 먼저 빛을 본 책이다. '존왕양이尊王攘夷'와 '대일통大一統'을 주장하고, 사람의 일에 대해 하늘이 감응한다는 '천인상응天人相應'을 설명했다.

　『춘추곡량전春秋穀梁傳』: 곡량씨가 지은 『춘추』 해설서이다. 전한 선제宣帝가 좋아하여 빛을 보았다. 정미함은 공양전에 미치지 못한다.

　『춘추좌전春秋左傳』: 좌씨가 지은 『춘추』 해설서이다. 3전 가운데 기록이 가장 풍부하다. 각국의 정치·군사·외교·문화와 인물 및 전설까지 기록되어 있다.

□ 『논어論語』: 공자의 언행과 사상을 기록한 책이다. 제자들의 언행도 일부 기록되어 있다.

□ 『맹자孟子』: 맹자의 언행과 사상을 기록한 책이다.

□ 『효경孝經』: 천자로부터 제후와 경·대부·서민에 이르기까지 각급 사람들이 행해야 할 효행을 구별하여 설명하고, 효가 치국治國의 근본임을 설명한 책이다.

□ 『이아爾雅』: 경전 용어를 해설한 책이다.

　학생들에게 유가 경전에는 무엇 무엇이 있느냐고 물으면 대개는 4서3경이라고 답하는데, 이는 틀린 답은 아니지만 그렇다고 정확히 맞는 답도 아니다. 유교 경전은 원래 5경이던 것이 13경으로 확대되었다고 말해야 정확한 답이

될 것이다. 다만 송나라 이후에는 4서3경이 중시되었고, 우리 조선 시대에도 대개 그와 같아 흔히 4서3경을 유교 경전의 전부인 것처럼 아는 사람이 많은 것뿐이다.

4서는 『대학』·『논어』·『맹자』·『중용』을 가리키는데, 『대학』과 『중용』은 원래 독립된 책이 아니고 『예기』의 편장 가운데 하나였다. 송나라 때 정이程頤와 주희朱熹주재가 이 편장에 유가 사상의 정수가 들어 있는 것으로 보고 그 가치를 높이 평가하여 하나의 경전으로 독립시켜 해설을 달았다. 특히 주자는 『대학』과 『중용』을 중시하여 죽기 바로 전까지 『대학』 성의장誠意章을 수정했는데, 이는 이 두 책에 유학의 강령과 정수가 담겨 있다고 보았기 때문이었다.

송나라 이후 두 책은 『논어』·『맹자』와 함께 유학을 공부하는 데 필독서가 되었다. 주자는 제자를 가르칠 때 『대학』을 먼저 읽고 『논어』와 『맹자』를 독파한 뒤 『중용』을 읽을 것을 권했다. 그런 다음에 다른 경서에 착수하도록 지도했다. 그는 『대학』을 배워 그 강령을 파악하지 않고는 『논어』와 『맹자』의 정치하고 미묘한 것을 다 알 수 없고, 『논어』와 『맹자』를 다 알지 않고는 『중용』의 깊고 심오한 뜻을 해득할 수 없다고 생각했다. 이런 순서로 정밀하게 독서하고 궁구하면 이 네 권의 경전 안에서 공자와 맹자로부터 시작된 유가 사상의 큰 원칙들을 습득할 수 있다고 보았다. 큰 원칙들을 습득한 뒤에 그 원칙의 구체적인 사안들을 다른 경전을 통해서 확인하여 천하의 일을 논하는 것이 마땅하다고 설파했다.

그러면 유가 사상의 큰 원칙들이란 무엇인가?

『대학』에서는 격물格物 · 치지致知 · 성의誠意 · 정심正心 · 수신修身 · 제가齊家 · 치국治國 · 평천하平天下를 8개의 조목으로 삼았다. 격물은 사물의 이치를 끝까지 추구하는 것을 말한다. 사물의 이치를 끝까지 추구하면 지극한 앎에 도달하게 될 것이고[치지], 지극한 앎에 도달하면 뜻이 충실해질 것이고[성의], 뜻이 충실해지면 마음이 발라진다[정심]. 이상의 과정을 통해 덕을 밝게 펴는 것이 수신이다. 수신한 뒤에 백성들과 친함이 있게 하고 백성들을 새롭게 이끄는 것이 제가 치국평천하다. 이를 다시 정리하면 8개 조목이란 나를 다스리고 난 뒤에 사람들을 다스린다고 하는 유가 사상의 근본 목적과 원칙의 대강을 밝혀놓은 것이라고 할수 있다.

『논어』와 『맹자』는 각 단계의 원칙들에 관해 공자와 맹자가 제자들과 문답 방식으로 설명해 놓은 책이다. 여기서 두 경전의 내용을 다 설명할 여유는 없다. 간단히 말하면 송나라 때 성리학자들은 『논어』야말로 각급 지위에 걸맞은 개인의 행위 원칙, 사회와 국가의 존재 원리를 가장 극명하게 설명한 우주 제일의 책으로 간주하여 존숭했다. 『맹자』 또한 『논어』의 정신을 계승하여 지고의 원리를 밝힌

책으로 존숭되었다. 다만 『논어』와 『맹자』는 사안에 따라 논리가 제시되어 있어 요령을 얻기 어려우므로 『대학』과 『중용』을 통해 강령과 조목을 포착하고 이를 『논어』와 『맹자』에서 확인하는 것이 바람직하다고 보았다.

『중용』은 불편부당한 중용의 도가 군자의 최고 도덕 규범임을 역설하고 실천을 강조했다. 이런 중용의 도는 주로 군주와 관료가 자기를 다스리고 나아가 사람들을 다스리는 데 취해야 할 도리를 말한 것이다. 임금과 신하[君臣], 아버지와 아들[父子], 남편과 아내[夫婦], 형과 동생[兄弟], 친구[朋友] 사이에 취해야 할 도리인 것이다. 신하는 충으로 임금을 섬기고, 아들은 효로써 아버지를 섬기고, 아내는 순종으로써 지아비를 섬기고, 동생은 형에게 공순하고, 친구 사이에는 믿음이 있게 처신하는 것이 마땅한데, 이 처신에서 최고의 도는 치우침이 없는 중용이라는 것이다.

유학자들은 이런 도리가 지켜지게 되면 어지러움이 없는 태평 시대가 올 것으로 생각했다. 태평 시대란 바로 황제를 정점으로 하는 위계질서가 정연하게 운행되는 사회를 의미한다. 공자도 "부모에게 효성스럽고 형에게 공순한 사람 중에 윗사람 범하기를 좋아하는 사람은 적다"고 했는데, 좀 우악스럽게 말하면, 황제와 관료 또는 유가 사상가들은 모든 사람들이 이런 사상을 깊이 체득하여 그들의 지배에 순종하기를 원했고, 그렇게 함으로써 정변으로 정권을 찬탈하고자 하거나 반란으로 왕조를 송두리째 뒤엎고 천하를 혼란으로 빠뜨리는 사태가 미연에 방지되기를 기대했다.

이런 기대와 목적, 그리고 그 효용가치가 있는 것으로 보았기 때문에 한 무제 때부터 유학을 존중해서 유가 경전을 이해하는 사람을 관리로 등용하기 시작했다. 수나라 때부터 시행된 과거시험도 경전의 암송이나 이해 정도를 평가하는 것을 기본으로 삼았다.

송나라 시대 이후에는 과거 제도가 더욱 정치하게 정비되었고, 관료 사회도 과거 출신 중심으로 운영되어 갔다. 물론 과거를 거치지 않은 관료가 70%에 달하기도 했지만 고위 관료는 대부분 과거 출신으로 채워졌고 또 이들 중심으로 정국이 운영되었다. 진종이 천 석의 곡식, 황금의 저택, 무수히 따르는 수레와 말, 옥 같은 얼굴의 아내를 얻고자 하는 평생의 뜻을 이루려거든 6경을 창 앞에 두고 부지런히 읽으라고 당부했는데, 이 뒤부터는 이 방법이 부귀영화를 얻는 가장 확실한 수단으로 정착되어 갔다.

당나라 때의 과거는 관리 선발을 위한 시험이었지만, 과거에 합격했다고 해서 곧바로 관직이 수여되는 것은 아니었다. 지방 관청에서 주관하는 1차 시험에 합격한 사람에게는 특별한 혜택이 주어지지 않았다. 중앙의 2차 시험에 합격한 사람도 다시 이부에서 주관하는 임용 시험[身·言·書·判을 본다. 判은 판결문이다]에 통과해야 관직에 취임할수 있었다. 이부의 시험에 통과하지 못한 사람은 거의 혜택이 없었다. 송나라 때는 지방 관청의 1차 시험[解試]과중앙의 2차 시험[省試] 외에 황제 앞에서 치르는 3차 시험[殿試]이 있었다. 3차 시험은 2차 시험 합격자를 대상으로 시험하여 순위를 정해서 관직을 수여하기 위한 것이었다.따라서 2차 시험 합격자, 즉 진사는 관직에 오를 자격을얻은 셈이지만 1차 시험 합격자에게는 특별한 혜택이 없었다.

명나라 때는 학교와 과거시험을 연계하여 학교 학생만시험에 응시할 수 있었다. 학교는 각 지방 관청, 즉 부·주·현에 설치된 학교와 중앙에 설치한 국자감의 2단계가있었다. 지방 학교의 학생을 동생童生 또는 생원生員이라고했고 국자감의 학생을 감생監生이라고 했다. 1차 시험인 향시鄕試는 생원과 감생만이 응시할 수 있었다.

생원은 향시에 응시할 자격이 있을 뿐만 아니라 부역이 면제되고 게다가 9품관의 대우를 받았다. 일반 백성의경우 부역이 얼마나 부담스러웠는지에 대해서 전하는 이야기가 많다. 아들을 낳으면 딸로 신고하고 여자 옷을 입혀 키우기도 했던 관행은 부역이 무겁기 때문이었다. 생원들은 대개 지주 출신이 많았을 터인데, 게다가 부역을 면제받고 9품관 대우를 받게 되니 이 때부터 이미 일반 서민과는 하늘과 땅만큼이나 다른 신분이 되었다.

향시 합격자는 거인擧人이라고 불렸다. 거인은 본래 2차 시험인 회시 응시 자격을 의미하지만, 이 자격만으로 관직에 나갈 수 있었다. 뒤에는 거인의 수가 많아져서 관직을 받는 사람이 적었지만, 거인은 부역이 면제될 뿐만 아니라 집 앞에 향시 합격자임을 자랑하는 깃발을 세울 수 있어 여간 영예로운 신분이 아니었다.

2차 시험인 회시 합격자는 진사進士라고 불렸다. 진사는 3차 시험인 전시를 거쳐 관료로 임명되니 그 영예는 더 말할 필요가 없다. 진사 합격자라고 해서 반드시 왕후장상에 이른다고 할 수는 없다. 그렇지만 왕후장상에 이르지는 못한다고 해도 대개 천 섬의 곡식, 황금 같은 저택, 따르는 수레와 말, 옥 같은 부인을 얻는 데는 큰 어려움이 없었다. 그야말로 부귀영화를 어렵지 않게 이룰 수 있는 것이다.

그렇지만 이 시험을 통과하여 부귀영화의 꿈을 이룰 수 있는 사람은 극히 소수였다. 당나라 때 이미 "50세에 진사가 되면 빠르다" 는 속언이 있었다. 송나라 때 어떤 사람이 72세에 진사에 합격하여 비로소 장가를 들었는데 "신랑의 나이는 50년 전에 22살이었다네" 라는 말이 나올 정도였으니 이 꿈을 이루기가 얼마나 어려웠는지 알 수 있다.

그나마 아예 합격하지 못하고 원망과 탄식으로 일생을 보내는 사람이 훨씬 많았다. 이 장의 서두에서 본 한단지몽의 주인공 노생이 그런 사람이었고, 당 말기 대반란을 일으킨 황소도 여러 차례 과거시험에 응시했지만 부패한 시험관의 농간 때문에 낙방한 뒤 이를 한으로 여기고 반란을 일으켰다.

당 태종은 새로 급제한 진사들이 줄지어 나오는 것을 보고 "천하의 영웅들이 모두 내 울 안으로 들어오는구나!" 하고 좋아했다고 한다. 이 인재들이야말로 유교 경전을 공부하여 황제에게 충성하고 부모에게 효도하는 것을 가장 중요한 덕목으로 삼고 그 덕목을 일반 서민에게까지 확대하여 모든 사람을 황제의 순종하는 신민으로 만들 수 있는 방법론을 익힌 사람들이 아닌가? 그런 사람들이 그의 관료가 되기 위한 시험에 합격하여 줄지어 나오는 것을 보는 순간, 이제 신생 당나라는 확고하게 기반을 다지게 되었고, 아울러 자신의 황제권도 안정권에 들어섰음을 확신하게 되었을 것이다.

송 진종도 이런 덕목과 정치 방법을 익힌 사람들을 등용해서 그들을 중심으로 정국을 운영한다는 방침 아래 과거 제도를 정비했다. 그가 지은 「권학가」는 이런 의도를 가식없이 드러냈을 뿐이다. 명나라와 청나라에서 지방 학교 학생인 생원 이상에게 부역을 면제해 주고 9품관에 상당한 대우를 해준 것도 유가 사상을 익혀 황제의 충실한 신하가 될 덕목과 자질을 가진 사람에게는 일반 서민과는 다른 대접을 해주겠다는 정책 의지의 표현이었다.

황제 측의 이 같은 배려를 통해 유교 경전을 공부해서 생원·거인·진사와 같은 학위 신분을 취득하는 것이 부귀영화를 얻을 수 있는 가장 확실한 방법이 되었고 사회적으로 가장 가치있는 영예를 얻는 길이었다. 그 당시 이보다 가치있는 일은 달리 없었다.

다만 과거가 반드시 실력을 반영하는 것만은 아니어서 간혹 출중한 재주를 가진 사람도 낙방한 뒤 학문에 전념해서 고관에 오른 사람들보다 더 높은 영예를 얻는 경우도 있었다. 또 과거에 합격한 사람 가운데는 학문에 전념하기 위해 관직에 나아가기를 즐겨하지 않는 사람도 있었다.

예를 들면 주자는 19세에 과거에 합격하고 22세에 관직에 나갔지만, 겨우 9년 동안 지방의 하위 관직에 머물렀고 조정에서 관직을 맡은 것은 40일에 불과했다. 그는 관직에 나아가기보다 오히려 물러나서 학문하는 것을 자기의 임무로 알았다. 관직도 가능하면 학문에 전념할 수 있는 한가한 자리를 원했다. 다만 주자가 전념한 학문은 유학이었고, 그 가운데서도 『대학』·『중용』을 비롯한 4서의 연구에 주력했다. 그는 이 연구를 통해서 태평성세를 이룰 치론治論을 완성하고자 했다. 그가 연구한 4서를 황제와 모든 관리 그리고 독서하는 사람 모두가 읽게 되면 그는 황제의 스승이 되고 만인의 스승이 되는 것이다. 그렇게 되면 높은 관직을 얻는 것보다 더 큰 영예를 누리게 된다. 그에 생존시에는 그의 4서 연구가 위학僞學으로 몰려 어려움을 겪기도 했지만, 남송 후기부터는 그의 바람대로 되었다.

주자의 4서 연구, 이런 것이 당시의 학문이었다. 달리 말하면 전통 시대 중국에서 학문이라 함은 유학 또는 이와 관련된 문학·사학, 기타 제자백가학에 한했다. 오늘날처럼 물리학·천문학·의학·수학 등과 같은 학문이 아니었다. 간혹 이런 학문에 관심을 가진 인물도 없었던 것은 아니다. 그러나 대개 유학에 전념하다가 여기 또는 취미로 잠깐 관심을 가지고 들여다본 것에 불과했다.

근면하게 농사를 지어 많은 토지를 가진 대지주나 장사 수완이 있어 상업으로 큰 부를 축적한 사람들도 부유한 생활은 할 수 있었겠지만 영예롭지는 못했다. 더구나 관직이나 학위 신분을 가진 신사 또는 유학자들로부터는 업신여김을 당했고, 심지어는 그들의 부가 침탈될 염려도 없지 않았다.

명 중기 이후에는 상인들 가운데 자신의 직업에 대해 자부심을 가진 사람들도 나타났다. 유학을 배운 사람들 가운데도 상업에 종사하는 사람들이 나와 상업도 당당한 본업이라고 내세우기도 했고 사회적으로 존경을 받는 사람들도 있었다.

그렇지만 이런 분위기는 주류가 되지 못했다. 근면과 수완을 통해 부를 축적한 지주와 상인들은 부러움의 대상은 되었겠지만 신사들에 비하면 그들의 사회적 지위는 여전히 현저하게 떨어졌다. 사회적 가치는 여전히 학위 신분이나 관직에 두었지, 부를 창출한 사람에게 부여되지 않았다. 그러므로 부유한 지주나 상인은 토지나 상공업을 경영하여 이윤을 증대시키고 그것을 통해서 자아를 실현하는 쪽을 선택하지 못했다. 그들의 부는 신분을 상승시키기 위해 필요한 학위 신분이나 관품을 사는 데 이용되었고, 학자 가문 또는 관인 가문으로 도약하기 위해 자식들의 교육에 투자되었다.

어떤 사람들은 장서루를 지어 경經·사史·자子·집集을 쌓아놓고 천하의 신사들이 모여들어 그의 책을 열람하는 것을 보면서 자부심을 느꼈다. 명나라 이후 중국 전역에는 부유한 지주나 상인들이 건설한 수백 개의 장서루가 섰는데, 이는 그런 분위기에 편승해서 세워진 것이다.

영파寧波의 천일각은 청나라 정부가 『사고전서四庫全書』

를 편찬할 때에 가장 많은 책을 진상했던 장서루로 유명하다. 이 장서루를 세운 범흠范欽 자신은 관직을 역임했으나 그의 조상들은 관품이 없었다. 그렇지만 그가 세운 장서루는 그의 가문을 강남 제일의 명문으로 올려놓는 데 한몫을 했다.

이런 사회의 가치관이 산업의 근대화 또는 자본주의로의 발전을 저해한 요인이었다고 보아도 좋다. 사실 전근대적인 수준으로는 가장 높은 생산성과 생산 기술을 발전시켜 온 중국에서 자생적인 산업혁명이 나타나지 못하고 자본주의가 발전되지 못한 원인을 밝히는 문제는 역사학의 중요한 과제 가운데 하나였다. 따라서 여러 방면에서 이를 규명하려는 시도가 있었다.

어떤 학자는 전제군주제 아래에서 마음대로 징수하는 세금이나 부패한 관료들의 착취와 같은 약탈적인 경제 구조가 합리적인 자본주의로의 발전을 저해했다고 주장했다. 어떤 학자는 전근대 중국의 도시가 황제 지배 체제를 위한 통제의 중심이었기 때문에 상공인들의 자율성이 제약을 받았고 이것이 자본주의의 맹아가 발육하는 데 장애가 되었다고 보았다. 또 어떤 학자는 주기적으로 발생하는 왕조 말기 대동란의 궤멸적인 파괴 작용이 산업 기술과 자본주의의 맹아를 짓밟아 버리고 어린 싹을 뽑아버렸기 때문에 산업혁명과 자본주의로의 발전에 필요한 기술과 자본의 축적이 소멸된 것을 중요한 원인으로 파악했다. 어떤 학자는 중국에는 항상 노동력이 넘쳐났기 때문에 이윤을 극대화하려는 사람은 산업 기술을 개발하는 대신 노동력을 조직하는 데 관심을 가지게 마련이라, 이 점이 산업 기술의 도약을 막았다고 주장했다.

이 같은 주장들은 모두 충분한 근거가 있고 타당하다. 그렇지만 필자는 중요한 원인 하나에 대한 설명이 빠져 있다고 생각한다. 그것은 앞에서 말한 바와 같은 중국인들의 가치관이다. 전통 시대 중국은 유학과 과거 제도를 통해서 획득하는 관직의 가치가 극대화되어 사회의 가치가 그것으로 일원화되었다. 산업 기술을 개발하고 경영을 전문화해서 이윤을 극대화하는 데에는 높은 가치를 부여하지 않는 사회 분위기가 형성되어 있었다. 그것이 바로 자생적인 산업혁명과 자본주의를 발전시키지 못한 가장 중요한 원인이라고 보아야 한다.

전통 시대 중국에서는 과거의 합격이나 학문의 대성에 절대 가치를 부여했고, 그밖에 어떤 것에 대해서도 이와 동등한 가치를 인정하려 들지 않았다. 관직을 가진 사람이라도 과거를 통하지 않았다면 그 가치는 현저히 떨어졌다. 당나라 때는 과거를 통하지 않은 관리들이 과거 출신 관료들을 경박한 무리들이라고 얕보는 풍조까지 있었다. 하지만 송나라 때부터는 과거 출신들이 압도적으로 우세했고, 명·청 시대에는 이런 풍조가 더욱 심해졌다. 더구나 생원 이상 학위 신분 소유자에게 부역을 면제하고 9품관의 대우를 해준 이후에는 사회적 가치가 더욱 일원화되었다. 과거에 합격하는 것만이 최상의 영예였고 사회적으로 존경받는 길이었다.

청 말기에 영국 유학을 다녀와서 『천연론天演論』[헉슬리의 저서『진화와 윤리: Evolution and Ethics』를 번역하고 해설을 더한 책] 등을 번역하고 진화론 등 서양의 근대 학문을 소개한 것으로 유명한 엄복嚴復의 처신은 당시 과거의 사회적 가치가 어느 정도로 높았는가를 단적으로 대변해 준다.

엄복은 복건에서 태어나 14세에 복주의 해군학교에 들어갔고, 이 인연으로 25세에는 영국 해군대학에 유학했다. 그의 영국 체재는 2년 동안이었지만 항해술에 필요한 서양의 과학 기술을 배우면서 진화론 등과 같은 자연 과학과 사회 과학에 관한 책들을 널리 읽었다. 귀국 후 외국에 유학한 우수한 항해 기술자로서 이홍장李鴻章이 개설한 천진의 북양수사학당北洋水師學堂에 초빙되어 이윽고 교장으로 승진했다. 이것은 대단한 출세로 보이지만 엄복 자신에게는 그렇지 않았던 듯하다. 그는 수사학당의 중요한 자리를 차지하고 있었지만 33세부터 44세까지 4회에 걸쳐 향시에 응시했다가 실패했다. 특히 네 번째 시험을 볼 때는 이미 교장으로 승진한 뒤였기 때문에 향시에 합격해서 거인이 된다고 해도 결코 얻을 수 없는 높은 자리에 올라 있었지만 그는 시험을 포기하려 들지 않았다.

당시는 변법파에 의해 과거 폐지론이 강력하게 주장되고 있는 시점이었다. 그런데도 그가 거듭해서 과거에 응시했다는 것은 그에게 과거가 그만큼 큰 가치가 있는 관문이었다고 밖에 설명할 길이 없다. 그만큼 당시까지도 과거가 사회적으로 높은 가치를 지녔음을 알 수 있다.

1898년 북경대학의 전신인 경사대학당이 설립되었을 때도 이런 사회적 풍조가 문제가 되었다. 이 때에도 아직 과거 제도는 폐지되지 않았다. 공부해서 벼슬을 하려는 일반 선비들은 여전히 과거 공부에 전념했고 새로운 학제로 창설된 경사대학당에 흥미가 없었다. 그래서 조정에서는 선비들의 입학을 격려하기 위해 "이 학교를 졸업한 학생은 그 자격이 진사와 같다"는 규정을 내놓았다.

현실적으로 과거에 합격해야만 관직을 얻어 중요한 일을 할 수 있었고, 사회인식도 이 길만이 진정한 입신출세라는 생각이 주류였던 시대 상황 아래서 그밖의 다른 길에 관심을 가진 사람은 극소수였다. 그 때문에 진정한 학문세계에 쏟아야 할 정력을 비생산적인 경전 외우기에 허비하고 말았다. 청 말기에서 민국 초기에 뛰어난 과학자가 출현하지 못했고 또 서양의 과학 기술을 기민하게 받아들여 활용하지 못한 원인의 하나는 바로 여기에 있었다고 본다.

이와는 달리 일본은 19세기 말부터 왕성하게 서양 학문을 받아들였을 뿐만 아니라 20세기 초에는 이미 자생적인 학문이 태동했다. 1930년대에는 후일 노벨상을 받는 업적들이 출현하기에 이르렀다. 어떤 역사적 조건이 일본의 이런 성공을 가능하게 했을까?

서양의 동양학자들이 지적한 바와 같이 중국은 '지위 지향형 사회Status Orientation Society'로 볼 수 있고, 일본은 '역할 지향형 사회Role Orientation Society'에 가까웠을 것으로 생각된다. 우리나라는 아마도 중국과 마찬가지로 '지위 지향형 사회'에 가까웠을 것이다. 필자는 이러한 사회 성향의 차이가 근대화의 성패를 좌우한 중요한 원인일 것으로 생각하고 있다.

중국 사회가 지위, 특히 정치적 지위를 지향하는 성향을 갖게 된 것은 과거를 통한 관직 획득에 높은 사회적 가치를 부여해 온 오랜 전통이 크게 작용했을 것이다. 더구나 중국의 전통법은 극히 특수한 신분인을 제외하고 모든 민들의 과거 참여 자격을 배제하지 않았다. 아마도 위정자들은 모든 민들에게 황제에 대한 충과 부모에 대한 효의 이념을 확산시키는 것이 체제 안정에 도움이 될 것으로 기대하여 이런 법적 장치를 마련했을 터이다. 사실 유교 경전과 문장을 익히는 데 소용되는 시간과 재원을 부담할 수 없는 일반 서민들에게 이런 권리는 의미가 없었다. 그렇지만 이런 개방형의 법적 장치가 일부 여유를 가진 지주나 상인들까지 그 한길로 몰아갔으므로 전체적으로 지위지향형의 풍조에 빠져들게 했다. 그런 사회 성향이 근대 학문 및 산업 기술과 같은 외래 문명을 받아들이기 힘든 사회 분위기를 만든 것 같다.

이에 반하여 일본에서는 오랫동안 신분 이동이 엄격하게 봉쇄된 봉건 사회가 유지되었다. 그런 신분제가 완전히 해체되지 않은 상태에서 근대를 맞이했다. 근대화 이후 신분제의 굴레가 어느 정도 풀렸으나 상인층을 포함하여 각 계층의 사람들은 정치적 지위 상승을 꾀하는 대신 각 분야에서 자기 역할의 완성을 통해 자아를 실현하려는 지향성을 보였다. 이런 사회분위기 속에서 유럽의 근대 문화가 수용되어 성공적인 근대화의 길을 걸을 수 있었다고 생각된다.

송나라 이래 과거 제도를 통해 황제에게 충성하는 관료들이 탄생했다. 명·청 시대에는 황제에 대한 충성심이 높은 과거 출신 관료들이 조정을 운영했으며, 학위 신분층이 향촌 사회를 주도했다. 그 결과 황제권이 안정되었기에 송나라 이후에는 정변이 일어나지 않았고, 만주족

이 세운 청나라 때에도 관료들의 황제에 대한 충성심은 높았다.

이로 보면 과거 제도를 통해 유교 이념을 확산시켜서 황제 권력을 유지하려 했던 시도는 어느 정도 성공을 거둔 것으로 보인다. 하지만 여전히 한계는 있게 마련이다. 왜냐하면 유교이념만으로는 빈부 격차와 이로써 발생하는 사회 불안을 모두 해소할 수 없었기 때문이다.

자연 재해가 닥쳐도 실상 몰락하는 것은 농민 계층뿐이다. 몰락한 농민의 토지를 흡수한 지주나 상인은 더욱 부유해진다. 한쪽에서 굶어 죽어가는 동안 한쪽에서는 더욱 부유해진 계층이 호사스러운 생활을 즐긴다.

그런데도 세금은 농민들이 주로 부담한다. 이 같은 상황이 되면 농민들은 유랑의 길로 나서게 되는데 이런 농민들에게 황제에 대한 충성심이란 의미가 없다. 황제는 효와 충 같은 유교 이념을 확산시켜 모든 민을 그의 지배 아래 묶어두고 싶었겠지만 굶주린 사람들의 배를 채울 수 없는 이념은 공허한 메아리일 뿐이라 반란은 꾸준히 발생했다.

기존 왕조의 황제에 대한 충성심을 저버리는 것은 비단 굶주린 농민뿐만이 아니었다. 유교 이념으로 단단히 무장된 학위 신분층도 황제를 버리고 반란군에 동참하여 중요한 역할을 담당하기도 했다. 예를 들면 주원장이 명나라

를 건국하고 원나라를 축출한 뒤 천하를 통일하는 과정에
서 지주 관료들이 대거 동참했다. 명나라를 멸망시킨 이자
성의 정권에도 많은 학위 신분인들이 협조했다. 관직을 얻
어 부귀영화를 누릴 꿈을 실현할 수 없을 때 황제에 대한
충성심이란 전혀 의미가 없다. 그럴 경우 그들은 그들의
꿈을 실현시켜 줄 새로운 황제를 찾아 나설 수밖에 없었던
것이다.

중국의 전통과
근대화

1840년 영국은 군함과 대포로 무장한 군대를 파견하여 중국을 공격했다. 어쩌면 소규모라고도 할 수 있는 이 공격은 그 때까지 중국이 경험하지 못한 가장 강력한 도전이었다. 이 도전은 단순히 무력에 의한 침략만을 의미하는 것이 아니었다. 그것은 중국에게 새로운 산업, 새로운 정치 질서, 새로운 문화, 새로운 사회 질서를 받아들일 것을 요구하면서 도도하게 밀려오는 거대한 물결이 당도했음을 알려주는 신호탄에 불과했다.

처음에는 군함과 대포가, 다음에는 대량 생산된 공업 제품과 과학이, 그 다음에는 자유와 민주 정치라는 파도가 남색 바다를 건너 밀려왔다. 이것들은 역사적으로 중국의 위정자들과 지식인들이 전혀 경험해 보지 못했던 낯선 도전이었다. 특히 자유와 민주 정치는 쉽게 받아들일 수 없는 새롭고도 이질적인 문화였다.

이 때까지 중국의 위정자들과 지식인들은 황제에 대한 충과 부모에 대한 효를 근간으로 하는 도덕으로 자기를 다스리고 민들을 교화하기만 하면 태평한 세계를 이룰 수 있다고 확신했다. 이런 사상과 이념을 바탕으로 국가와 사회의 체제를 기획하고 설계했다. 관료들은 충효와 청렴한 도덕을 갖추고 있으면 충분했다. 민들은 부모에 효도하고 관료들의 가르침에 순종하기만 하면 좋은 백성이었다. 이것으로 태평성세를 이룰 수 있다고 확신했기 때문에 그밖에 다른 세계의 문화는 염두에 두지 않았다.

그들은 민들이 효제孝悌 덕목을 실천하고 관료들의 가르침에 순종하기 위해서는 물질적 기초로서 항산恒産이 있어야 한다는 점도 잘 이해하고 있었다. 때문에 모든 농민들에게 일정 정도의 토지를 분배해서 보유하게 하기 위한 법을 제정하여 시행하는 것도 국가 사회를 기획하고 설계하는 데 중요한 요소였다. 현실적으로 토지를 평균적으로 분배하는 것은 불가능했고 따라서 항상 빈부 격차가 사회 불안을 가져오는 가장 중요한 원인이었다. 하지만 민들이 항산을 지니고 있으면서 효제의 덕목을 준수하기만 한다면 질서가 유지될 것이고, 그렇게 되면 반란이 일어날 까닭이 없으므로 태평성세가 이룩될 것으로 보았다. 이것이 중국의 위정자들과 지식인들이 기획하고 설계한 이상적인 국가 사회의 전범이었다.

이런 기획과 설계는 일찍이 춘추전국 시대부터 나왔고, 그 뒤 꾸준히 정치하게 논리화되어 현실에 적용되어 왔다. 이를 부정하거나 비판하는 주장이 제기된 일은 별로 없다. 일부 황제의 존재를 부정하는 주장이 전혀 없었던 것은 아니지만 그 같은 주장은 중국 역사 전체로 보면 구우일모처럼 사소했고 주목을 받지도 못했다.

중국은 주변을 둘러싸고 있는 유목 민족들로부터 침략과 위협을 무수히 받았다. 하지만 그것은 어디까지나 무력에 의한 도발이었으므로 정치 체제나 사회 질서의 근간을 흔들 만한 어떤 자극도 주지 못했다. 중국인들이 볼 때 이민족들은 교화를 통해 복속시킬 수 있는 야만인들일 뿐이었다. 이민족들의 위협이나 침략은 방비 태세를 갖추거나 외교 관계를 통해 해결될 수 있는 것으로 보았다. 이민족이 중국을 정복해서 지배할 때도 오히려 중국 고유의 정치 제도를 답습하고 그 문화를 존중하는 것이 상례였다. 정리해서 말하면 서양 문화가 남색 바다를 건너오기 전까지 중국의 정치 체제와 사회 질서 그리고 그 문화가 도전받은 때는 없었다.

남색 바다를 건너온 새로운 도전은 수천 년 동안 최상의 것으로 믿고 의심하지 않았던 중국 고유의 정치 제도와 문화에 대해 전반적인 수정을 요구하고 새로운 기획과 설계를 요구했다. 또한 황제 지배 체제와는 상반되는 정치 이념, 즉 개인의 자유라든가 평등·인권 등을 중시하는 새로운 가치관을 이해하고 받아들이도록 강요했다. 게다가 그러한 가치 체계를 중시하는 세력들과 경쟁하여 자존을 도모하지 않으면 안되는 국면을 맞이하게 되었다. 아울러 전에는 그다지 중요하게 여기지 않았던 과학과 산업이 요긴하게 되었고, 그것을 발전시키지 않으면 외부 세력의 위협으로부터 자존을 지킬 수 없게 되었다.

우리 모두가 익히 알고 있는 바와 같이 중국의 위정자들과 지식인들은 이 새로운 도전에 적절하게 대응하지 못했다. 중국의 근대화는 굴절과 왜곡을 반복했다. 정치의 민주화, 산업의 근대화, 민의 권리와 자유의 신장 등 제반 분야에서 굴절되고 왜곡되어 왔다.

지금 중국은 개혁 개방과 사회주의 시장 경제를 표방하고 자유로운 경제활동을 보장하고 있지만, 개인의 권리와 자유를 존중하는 것은 유보하고 있다. 정치적 자유는 봉쇄되고 있으며 언론·집회·결사·신앙의 자유는 인정되지 않고 있다. 심지어 무술 단체인 법륜공法輪功 참여자들까지 철저하게 탄압받고 있다.

미국의 중국학자들은 중국의 경제 상황 못지않게 시민 사회의 성장 여부에 주목하고 있다. 실제로 중국에는 28만 개의 민간 사회 단체(NGO)가 활동하고 있어 내부 변화를 촉발시키고 있다는 보도도 있다. 그러나 그 역시 국가 권력의 입김이 크게 작용하고 있는 점을 고려하면 촉발될 변화도 한계가 있을 것으로 생각된다. 이런 점으로 보면 현재의 중국도 반쪽만의 현대화, 다시 말하면 굴절된 현대화의 길을 가고 있다고 말할 수 있다.

중국의 근대화가 굴절되어 왔고 지금도 반쪽만의 현대화의 길로 가게 된 원인을 밝히는 것은 중국사 연구자가 해명해야 할 중요한 과제일 것이다. 그렇지만 필자는 고대사 전공자이고 학문이 천박하여 그 원인을 충분히 그리고 책임있게 밝힐 처지가 못된다. 다만 앞에서 중국이 최근 150년 동안 겪어온 근대화의 굴절과 왜곡이 전통 시대 중국인들의 가치관에 기인할 것이라는 점을 지적했다. 반쪽만의 현대화도 중국 역사의 특수성과 모종의 깊은 관련이 있으리라고 짐작하고 있다. 역사의 관성, 즉 수천 년 동안 지속되어 온 전제적인 황제 지배 체제의 관성이 작용하고 있다는 느낌도 들고, 역사적 경험과 인식, 즉 대동란과 이민족의 침략에 의한 참혹한 죽음의 세계에 대한 기억과 역사 인식이 크게 작용하지 않았을까 짐작해 보기도 한다.

만약 정치적 자유의 허용이 대동란의 소용돌이를 몰고 올 수 있다는 역사적 인식이 그들의 머리 속에 깊이 드리워져 있다면, 전체 민의 생존을 지키기 위해서는 개인의 정치적 자유는 유보될 수밖에 없다는 논리를 내세우기 쉬

울 것이다. 그리고 그런 역사 인식이 사회 일반에 보편화되어 있다면 민주화에 대한 요구와 주장은 관철되기 어려울 것이다.

최근 중국 근대사 연구자들 사이에서는 중국의 근대화를 굴절의 역사로만 보아서는 안된다는 반성적 차원의 연구가 제기되고 있는 것으로 안다. 시대가 변하면 새로운 시대의 요청에 따라 과거의 역사에 대해 재평가를 내려야 하는 것은 당연하다. 그러나 필자가 보기에 중국의 근대화가 굴절되어 왔다는 시각은 아직 유효하며, 현재의 중국도 진정한 현대화의 길을 가고 있다고는 생각되지 않는다.

우리는 뒤에서 중국인의 역사 인식과 현실 인식에 대한 예증으로 노신의 소설『광인일기』에 보이는 '식인의 기억', 김관도의『역사 현상의 배후』에 보이는 '대동란의 기억', 소효강·왕로상의『하상』에 보이는 '황하의 죽음에 대한 기억'을 읽게 될 것이다. 이 세 책이 반드시 중국인들의 역사 인식과 현실 인식을 대표한다고 할 수는 없지만, 그리고 경제 발전에 성공하고 있는 현재 상황에서 전과는 다른 시각에서 역사와 현실을 인식할 수도 있다고 생각되지만, 지금도 중국인들의 뇌리에 역사의 어두운 그림자가 짙게 드리워져 있다는 사실을 부정할 수는 없을 것 같다.

3.
굴절된
근대화

19세기에 들어와 영국은 인도산 아편을 대량으로 중국에 수출했다. 이는 중국의 은이 대량으로 유출되고 중국인의 건강을 크게 해치는 결과를 가져 왔다. 때문에 청조 정부는 임칙서林則徐를 파견하여 아편을 몰수하고 아편 수입을 금지시켰다. 영국은 이를 무시하고 아편 무역을 계속하기 위해 중국을 침공했다.(1840) 이른바 아편전쟁이 발발한 것이다. 청나라는 산업 혁명을 통해 현대화된 무기로 무장한 영국군의 공격 앞에 굴복했고, 홍콩할양, 아편 무역 허용, 5개 항구를 여는 것 등을 주요 내용으로 하는 남경조약을 영국과 체결했다.

남경조약은 동아시아의 맹주로서 군림하던 청나라가 영국에 굴복했다는 의미 외에 계속되는 서양의 침략, 또는 서양 문화의 도전에 의해 적지 않게 굴절을 겪게 될 시련의 전조를 의미했다.

아편전쟁을 통해 서양 세력의 위력을 실감하기는 했지만 중국의 위정자들이나 지식인들은 극히 일부 소수를 제외하고는 그 실체를 정확히 파악하여 적절하게 수용할 태세를 갖추지 못했다. 그러다가 태평천국의 난이 일어났다. 중국 남부 광주에서 봉기한 반란군은 북상하여 양자강 유역을 석권하고 북경을 향해 진격했다. 하지만 청군은 수도권 방어에 급급할 뿐 반란군을 진압할 능력이 없었다. 반란군 진압은 거의 의용군에 의존하고 있었다. 1856년 이후에는 몇몇 서양 국가의 군대가 반란 진압에 참여했다. 서양 군대와 연합하여 반란 진압 작전을 전개하는 과정에서 이들의 위력을 실감한 의용군 지도자들은 군사 기술 도입의 불가피성을 절감했다.

태평천국 난을 진압한 공으로 조정에서 발언권이 확대된 증국번曾國藩·이홍장李鴻章·장지동張之洞 등은 서양의 산업 기술을 도입할 것을 주장하고 자신들의 관할 구역 내에서 산업을 일으켰다. 이른바 양무운동이 바로 이것이다. 양무운동은 동도서기東道西器 또는 중체서용中體西用 이라고 하는 바와 같이 제도와 문화는 중국의 것을 그대로 유지하고 오직 군비를 근대화하여 내부의 반란과 제국주의 세력의 침략에 대처하고자 한 것이다.

그들은 당시 서양에서 일어나고 있는 새로운 역사의

조류, 즉 민주주의·민족주의·법치주의·과학주의·합리주의에 대해서는 관심이 없었다. 그들의 관심은 오직 군수산업에 쏠려 있었고, 그마저도 소수의 관료들이 주관함으로써 경직성과 비효율성을 벗어나지 못했다. 관료 사회에 만연된 부패도 양질의 군수품을 생산하는 데 큰 장애요소가 되었다.

양무운동으로 새로운 군비가 생산되었고 중국 군대는 그 군비로 무장했지만 금방 한계가 드러났다. 1886년에는 프랑스와의 전쟁에서 패배했고, 1895년에는 일본과의 전쟁에서 패배했다. 그 가운데서도 같은 동양권 국가인 변방의 작은 섬나라에게 패했다는 사실은 큰 충격이었다. 그렇지만 일본의 승리는 적극적으로 서양 문물을 받아들여 근대화에 성공한 결과로 인식되었기 때문에 중국의 근대화에 본질적인 문제가 있다는 점을 확인시켜 주는 계기가 되기도 했다.

1898년 강유위康有爲 등이 당시 황제인 광서제와 합의하여 변법을 시도했다. 변법은 일본의 명치유신을 모방하여 입헌군주제를 지향하고, 아울러 관료 선발 제도·교육 제도·사법 제도 등 다방면에 걸쳐 일대 혁신을 시도한 것이다. 그러나 이 변법은 서태후와 보수파의 역쿠데타에 의해 1백 일 만에 좌절되었다.

이어서 권법拳法으로 대포알을 막을 수 있다는 시대착

오적인 발상으로 무장한 의화단이 정치권과 결탁하고 북경 주재 외국 공사관을 위협했다. 이로 말미암아 1902년 영국·미국·일본 등 8개국 연합군에 의해 북경이 점령되는 사태에 이른다. 그 결과 중국은 반식민지 상태에 놓이게 되었다. 이후 청 관리들의 주도로 마지못해 입헌 운동이 전개되지만 그 속도는 더디기만 했다. 1860년부터 근대화를 추진하기 시작하여 40여 년이 흘렀지만 굴절된 세월만 흘러갔다.

1911년 신해혁명으로 청나라가 붕괴되고 중화민국이 탄생했다. 황제가 사라지고 대신 대총통大總統이 국가 원수가 되었다. 전국 시대에 전제 군주가 출현한 이래 2천수백 년 만에, 그리고 진시황제가 중국을 통일하여 황제로 자칭한 이래 2,130년 만에 전제 군주 또는 황제가 역사의 피안으로 사라졌다. 선거에 의해 의회가 결성되고 의원들의 투표에 의해 대총통이 선출되었다. 당시 중국에서 일어난 이런 일련의 변화는 동양 전체에서 최초로 선거에 의해 국가 원수를 선출하는 공화국의 탄생을 의미하는 것으로 그야말로 일대 사건이라고 해야 옳다.

그러나 굴절은 계속되었다. 원세개袁世凱가 황제로의 등극을 획책하는 제제帝制운동이 벌어졌다. 이념적으로 이를 뒷받침하려는 공교孔教운동도 일어났다. 제제운동은 원세개의 갑작스런 죽음으로 막을 내리게 되지만, 각지에서 군권을 장악한 사람들이 독립을 선언하거나 자립적으로 지배권을 행사하면서 대립하는 군벌 시대가 왔다. 군벌들은 중국 전체의 이익보다 자기 세력의 확대가 우선이었으므로 외국 세력과 야합하는 짓도 서슴지 않았다.

1차대전에서 연합군에 가담한 일본은 중국 내의 독일 이권을 양도할 것과 중국의 내정 간섭을 포함하는 21개조를 원세개袁世凱에게 요구했다. 원세개는 황제가 될 욕심으로 이를 대부분 수용했다. 원세개의 뒤를 이어 북경 중앙 정부를 장악하고 있던 단기서段祺瑞는 일본에게서 재정 지원을 받기 위해 불리한 협정을 계속해서 맺었다.

1919년 파리강화회의에서 중국은 일본의 21개조 요구 사항이 무효임을 주장했지만, 중국의 입장은 철저히 묵살되었다. 이 해 5월 4일 북경에서 대학생들을 중심으로 반일운동이 전개되었다. 이 운동은 반일운동에 그치지 않고 중국인들의 자각을 요구하는 문화운동으로 발전했다. 중국인들은 과학화와 민주화가 가장 중요한 현실적인 과제라는 데 동의했고, 이 운동은 사회 전반으로 확산되었다.

이런 사회 분위기는 손문의 중화민국 수립과 장개석의 북벌 성공에 매우 유리한 조건을 제공했다. 그러나 굴절은 계속되었다. 남경에 통일 정부를 구성한 장개석은 친위 쿠데타를 통해 전제권을 확보했다. 명칭만 대총통일 뿐 황제의 재등장이었다. 그로 인해 정치와 경제는 왜곡되어 갔고 지식인들의 불만과 노동자들의 저항은 격화되었다. 1921년에 성립하여 세력을 키우면서 1924년 국민당과 연합해 있던 공산당은 연합을 파기하고 혁명 투쟁을 전개했다. 장개석은 궁극적으로 자기 정권을 위협하게 될 가장 위험한 세력이 공산당임을 간파하고 집요하게 공격했다.

일본은 1932년 대륙 침략의 야욕을 드러내 만주를 장악하고 만주 괴뢰국을 세운 다음 화북 지방을 침공했다. 장개석은 전근대 왕조가 다 그랬듯이 일본의 침입에 대항하기보다 내부의 적을 소탕하는 데 주력했다. 이른바 '선안내후양외先安內後攘外'를 외치며 공산당을 토벌하기 위해 전력을 기울였다. 5차에 걸친 국민당 군의 공격으로 많은 손실을 입은 공산당은 대장정을 단행하여 섬서성으로 근거지를 옮겼다. 장개석은 공산당 토벌을 독려하기 위해 서안으로 갔다가 장학량에게 연금되었다. 주은래周恩來저우언라이]의 중재로 장개석의 연금이 풀리면서 다시 국공 합작이 이루어졌다.

국공 합작이 이루어진 뒤에도 전열을 가다듬지 못한 중국군은 패퇴를 거듭했다. 일본군은 화북을 점령한 뒤 상해·남경 등 주요 도시들을 점령하며 압박했다. 장개석은 수도를 내륙의 중경으로 옮기고 장기 항전을 선언했다. 그러나 일본은 1945년 항복할 때까지 15년 동안이나 침략 전쟁을 벌여 중국의 근대화를 굴절시키는 데 중요한 몫을 담당했다.

　일본의 침략은 장기간 집요한 공격과 참혹한 살육을 자행했다는 점에서 전근대 정복 왕조의 침략 전쟁과 유사한 점이 있다. 아편전쟁 이후 영국·프랑스 등 서양 국가들의 침략 전쟁도 있었지만 일본의 침략 전쟁과는 본질적인 차이가 있다. 서양 각국은 경제적 침탈이 주목적이라 경제적 이익을 보장받는 선에서 공격을 멈추었다. 그러나 정복과 지배를 목적으로 했던 일본은 국민당 정권을 압박하면서 도처에서 참혹한 만행을 자행했다. 특히 남경에서는 30만 명, 또는 그 이상 많은 사람들을 학살하는 전대미문의 만행을 자행하여 중국인들에게 깊은 상처를 입혔다. 중국의 근대화를 굴절시킨 일본의 침략 전쟁은 중국 역사의 어두운 그림자 가운데 한 부분을 차지하고 있는 것이다.

　1945년 일본의 항복으로 외적의 침략 전쟁은 끝났지만 다시 국·공 내전이 시작되었다. 항일 전쟁기에도 국·공 쌍방은 긴장의 끈을 놓지 않고 있었다. 이제 외적이 물러갔으니 패권다툼을 벌여야 했다. 전근대의 대동란 때에도 내내 그래 왔듯이 공존은 쌍방 모두 허용할 수 없는 것이었다. 어느 한쪽은 역사의 피안으로 사라져 주어야 했다.

　4년 동안의 치열한 내전은 공산당의 승리로 끝나고 장개석의 국민당은 대만으로 철수했다. 국민당이 패배하고 공산당이 승리하게 된 원인을 밝히는 것도 중국 역사학의 주요 과제 가운데 하나임은 말할 필요도 없다. 국민당의 패배 원인을 한 마디로 말한다면 국민당 정부의 시대착오적인 구태와 부패로 국민들의 지지를 받지 못한 데 있다고 말할 수 있겠다. 국민당 정권은 이미 정통성을 상실했으므로 공산당의 승리는 너무나도 당연한 것이었다.

1949년 공산당 정권 중화인민공화국이 성립했다. 중화인민공화국은 중국인들의 열화와 같은 성원 아래 성립되었다. 민을 위한 정부가 세워졌으니 빈부 격차가 없는 평등 사회가 건설되리라 기대했다. 혁명의 영도자들이 부패를 용납하지 않을 것이므로 청렴한 정치가 구현될 것이며, 그 영도 아래 누구나 자유롭고 평화롭게, 그리고 풍요롭게 살 수 있는 세상이 올 것으로 기대하면서 부푼 가슴을 안고 새로운 국가 성립을 맞이했다. 그들은 오직 희망찬 미래만을 기대하면서 영도자들을 따랐다. 그것이 허상이라는 것을 확인하는 데는 그리 오랜 시간이 필요하지도 않았지만 말이다.

인민공화국의 성립 초기에는 점진적인 공산화가 추진되어, 소지주·소상인·소기업인의 사유는 허용되었다. 이는 어디까지나 급격한 개혁이 자칫 반발을 불러올 수 있다는 염려 때문에 취한 과도기적인 조치였다. 그러나 인민공화국이 지향하는 목표는 완전한 사유제 철폐와 공산주의의 실현이었다. 이 목표를 실현하기 위해 토지를 포함한 모든 생산 수단은 국유화 또는 공유화해야 했다. 1956년부터 추진된 대약진운동과 농촌공사운동은 이를 구체적으로 실천하기 위한 국가적 사업이었다.

　국가가 정한 목표를 실현하기 위해 중국의 모든 민은 공산당의 지도 아래 특별한 계획과 구도에 따라 조직되었다. 일체의 사적 영리 행위와 이익 추구는 배제되었다. 이 체제 아래서 민들의 생산 욕구는 현저히 저하되었다. 인민공화국은 자본주의 열강의 과학 기술과 생산력 및 경제력을 따라잡아야 하는 당면 과제도 안고 있었다. 그렇지만 합리적인 선택과 계획이 허용되지 않는 경제 개발은 파멸적인 결과를 빚었다. 인민공화국의 설계는 치명적인 약점이 노출되었고, 중대한 위협에 직면하게 되었다.

　모택동은 그의 설계를 계속 추진하기 위해 최후의 선택을 했다. 젊은 학생들을 동원하여 인민공화국 설계에 장애가 되는 세력을 일소하는 혁명 투쟁을 전개한 것이다. 1966년부터 시작된 문화혁명은 인민공화국의 설계를 계속 추진하기 위한 것이었지만, 이를 위해서 기존의 문화는 파괴되지 않으면 안되었다. 학교와 연구소는 폐쇄되었고, 의도하지 않은 결과지만 교통·통신 등 기간 시설은 대부분 파괴되거나 마비되었다. 경제 건설은 중단되었으며 이에 따라 농업 생산도 격감했다. 굶주려 죽는 사람 또한 속출했다.

홍위병에 의해 적지 않은 정치 지도자와 사회 문화 지도층이 살해되었지만 굶주려 죽은 사람에 비하면 오히려 소수일 것이다. 서양 각국과 일본은 말할 것도 없고 한국·대만·홍콩·싱가포르가 비약적으로 발전하여 아시아 신흥 강국으로 도약할 때 중국은 죽의 장막을 쳐놓고 죽음의 투쟁을 10년간이나 벌였던 것이다. 중국인들은 문화혁명을 십년대동란, 또는 십년재앙이라 부른다. 필자는 이를 열 번째 대동란이라고 부르고자 하는데, 이러한 명명이 타당한지는 좀더 많은 연구를 필요로 할 것이다.

여하튼 이 열 번째 대동란은 최고 권력자의 사주에 의해 벌어진 매우 특이한 대동란이다. 이전 아홉 번의 대동란은 극단적인 상황 아래에서 달리 선택할 방법이 없었기 때문에 하층민들이 들고일어남으로써 발생했다. 이와는 달리 열 번째 대동란은 최고 권력자가 자신의 권력을 유지하고 자신이 구상했던 설계를 지속적으로 추진하려는 의도를 가지고 젊은 청소년들을 선동하여 일으켰다. 그러나 파괴 작용이라는 측면에서 보면 전근대의 대동란과 유사하다. 대동란은 수많은 인명을 살육하고 모든 생산 기반을 파괴한다. 열 번째 대동란도 앞의 아홉 번의 대동란과 마찬가지로 많은 인명을 살상하고 생산 기반을 철저히 파괴했다.

　대동란이 끝난 지 30년, 중국은 세계가 경악할 만큼 비약적으로 성장하고 있다. 그것은 분명 장래의 세계 질서에 중대한 변수가 될 것이다. 그러나 이런 중국을 바라볼 때도 현상의 배후에 자리잡고 있는 역사를 고려해야 하며, 그 가운데서도 주기적으로 대동란이 반복되어 온 역사를 염두에 두면서 중국을 바라보아야 한다. 물론 앞으로 패러다임이 어떻게 변할지 알 수 없기 때문에 쉽게 단정할 수는 없다. 그렇지만 대동란의 잠재 요소들, 예컨대 빈부 격차와 권력의 부패 같은 문제가 여전히 심각하며, 쉽게 해소될 것 같지도 않다.

4.

어두운 역사의
기억

1) 식인의 기억

　1918년 중국 근대 문학의 아버지이자 혁명 문학의 선
구자로 추앙받는 노신魯迅이 소설 『광인일기狂人日記』로 문
단에 등단했다. 『광인일기』는 '근대문학의 출발점' 또는 '중
국 혁명의 횃불'로 평가되어 왔다. 이 작품은 한 미치광이
의 일기 형식을 빌려 암울한 현실을 고발하고, 그 현실의
배후에 역사의 어두운 그림자가 드리워져 있음을 자각한
작자의 절망적인 외침이다.

　그가 문단에 등단한 1918년은 신해혁명(1911)이 발발한
때로부터 7년 뒤의 시점이다. 혁명으로 2천 년 이상 중국
을 지배해 왔던 황제가 사라졌다. 혁명은 중국인들에게 새

로운 삶을 약속하는 듯 보였다.

그렇지만 노신의 눈앞에 전개되고 있는 현실은 암울했다. 새로운 시대를 맞이하기에 중국인들은 너무 야만적이었고, 중국을 옥죄는 전통의 무게는 너무 컸던 것이다.

소설의 주인공은 주변 사람들이 자신을 잡아먹으려 한다는 망상에 사로잡혀 있다. 이웃 노인과 동네 사람들, 심지어 형님까지도 자신을 잡아먹으려 한다고 생각한다.

그러고 보면 주변에는 억울하게 죽은 놈도 많고, 흉년에 못된 짓 하다가 맞아죽은 놈도 있다. 맞아죽은 놈은 굶주린 사람들의 먹이가 된다.

미친 남자의 독백이지만 현실의 한 장면이기도 하다. 독백은 계속된다.

놈들, 그 중에는 현지사縣知事에게 걸려 칼을 쓴 놈도 있다. 두목에게 두들겨 맞은 놈도 있다. 관리에게 계집을 빼앗긴 놈도 있다. 아비 어미를 빚쟁이에게 시달려 죽게 만든 놈도 있다.

이삼 일 전에 낭자촌狼子村에서 소작인이 와서 흉년이라고 불평을 늘어놓다가 형에게 이런 얘기를 했다. 그들 마을에 아주 못된 놈이 있어서 사람들에게 맞아죽었는데, 그놈의 내장을

꺼내서 기름에 볶아먹은 놈이 있다는 것이다. 그렇게 하면 간이 커진다는 이야기다.… 놈들은 사람을 먹어치운다. 그러고 보면 나를 먹지 않는다는 보장도 없다.

현실은 현실로 끝나지 않는다는 데 문제가 있다. 억울하게 죽고, 흉년에 잡혀 먹히는 슬픈 현실은 오늘에만 있었던 것이 아니다. 어제도 있었고, 1백 년 전에도 있었고, 1천 년 전에도 있었다. 그렇다면 내일도 있을 수 있고, 1백 년 뒤에도, 1천 년 뒤에도 있을 수 있다. 미친 남자는 독백을 계속한다.

옛날부터 줄곧 사람을 잡아먹었다는 걸 난 알고 있지만 그리 확실하지 않다. 나는 역사를 들추어 조사해 보았다. 이 역사에는 연대가 없고, 어느 페이지에나 '인의 도덕' 같은 글자들이 꾸불꾸불 적혀 있다. 나는 이왕 못 자게 되었으므로 밤중까지 열심히 조사해 보았다. 그러자 글자와 글자 사이에서 겨우 두 글자를 찾아냈다. 책에는 온통 '식인食人'이란 두 글자가 적혀 있었다.

1918년, 혁명이 일어나고 7년이 지났건만, 그 안에 황제가 되어보겠다고 의회를 해산한 놈도 있고, 공자의 가르침을 부활해야 한다고 잠꼬대를 하면서 공교회를 조직하여 활개를 치는 놈도 있다. 노신이 유학 시절에 본 일본의

눈부신 발전상과 근대화된 일본인들의 모습과는 너무 다르다. 공교회라는 것은 무엇인가? 황제를 부모처럼 받들자는 논리를 내세우는 사람들이 만든 단체가 아닌가? 황제를 받들어 어떻게 하자는 것이냐? 황제를 꼭대기에 올려놓고 그 밑에서 나머지 사람들을 옥죄면서 호의호식하자는 것 아니냐? 그 밑에서 대부분 사람들은 초근목피로 살다가 죽어갔을 것인데, 그들의 신음 소리는 아랑곳하지 않고 인의 도덕을 내세워 억누르면서 호의호식하던 그 때를 잊지 못하고 향수에 젖어 옛날로 돌아가자고 한다. 맹자는 말했다.

> 부엌에 기름진 고기가 있고 마구간에 살찐 말이 있으면서 백성들의 얼굴에 굶주린 빛이 있고 들에는 굶주려 죽은 송장이 있으면 이는 짐승을 몰고 와서 사람을 잡아먹게 하는 것과 다르지 않다.

그런데 위정자들은 백성들이야 굶어죽든 말든 기름진 고기를 먹고 살찐 말을 몰면서, 불평하는 사람들을 맹자가 만든 인의 도덕을 내세워 탄압했다. 정작 맹자는 "짐승끼리 서로 잡아먹는 것조차 사람들은 미워하는데, 백성의 부모가 되어 정사를 행하기를 짐승을 몰아와서 사람을 먹게 하는 것과 같이 한다면 어찌 그 백성의 부모가 되겠습니

까?' 라고 하면서 절대로 그래서는 안된다고 했는데, 수천 년 동안 그의 이론은 거꾸로 그런 짓을 하는 사람들을 정당화시켜 주는 방편으로 이용되어 왔고, 그것은 지금도 변함이 없다.

절망이다. 수천 년 동안 황제를 받들면서 사람들에게는 인의 도덕이라는 굴레를 씌워놓고 잡아먹는 정치를 해왔던 중국에서 아직도 각성하지 못한 채 옛날로 되돌아가자고 외쳐대는 놈들이 활개치고 다닌다. 섬나라 왜인들은 저렇게도 문명화되고 있는데. 그뿐인가? 21개조를 요구하여 자주권·외교권을 박탈하고 식민지로 만들어 호시탐탐 중국을 지배하고자 하는데. 절망이다. 미친 남자는 답답하다. 누군가에게 이를 말하지 않으면 안된다. 형님에게 묻는다.

아마도 먼 옛날, 사람들이 미개했을 무렵에는 누구나가 사람을 잡아먹었겠지요.… 역아易牙(고대의 요리새가 자기 아들을 삶아서 걸·주에게 먹인 이야기는 먼 옛날 일이었을까요. 그렇지 않습니다. 반고가 천지를 연 뒤로 계속 사람을 잡아먹어오다가 역아의 아들에 이르고, 역아의 아들로부터 계속 먹어오다가 서석림에 이르고, 서석림부터 계속 먹어오다가 낭자촌에서 잡힌 사나이를 잡게 된 것입니다. 지난 해 성 안에서 죄수가 처형되었을 때는 폐병 환자가 만두에 그 피를 적셔 먹었습니다. 놈들은 나를 먹으려 합니다.

걸桀은 상고 시대 하나라의 마지막 임금이고, 주紂는 상나라의 마지막 임금으로 중국 역사상 폭군의 대표격인 사람이다. 걸은 정치는 돌보지 않고 사냥과 향락에 빠져 있다가 상나라 탕임금에게 쫓겨났고, 주는 잔혹한 형벌을 즐기다가 주 무왕에게 토벌되었다. 주紂왕은 자신의 잘못을 간하는 사람들을 죄주어 형벌에 처했다. 익후翼侯는 자炙형에 처하고, 귀후鬼侯는 석腊형에 처했으며, 매백梅伯은 해醢형에 처했다고 한다. 다 신화 전설적인 인물들이지만, 중국 역사에서 이들이 실존 인물이냐 아니냐는 그다지 중요하지 않다. 중요한 것은 군주는 이렇게 포악해질 수 있다는 점이다.

역아는 누군가? 춘추오패의 첫 번째인 제 환공의 미식 취미에 응해서 자기 자식을 삶아 상에 올렸던 바로 그 인물이다. 『한비자』(권2, 二柄篇)에는 "환공이 미식을 즐겼으므로, 역아는 제 아들의 머리를 쪄서 상에 올렸다"고 기록되어 있는 것이다.

걸·주와 역아는 시기적으로 멀리 떨어져 있어 서로 관련이 없다. 노신은 미친 남자를 내세워 사람 고기를 먹었던 군주와 군주의 미식 취미를 만족시키기 위해 자식을 잡아 상에 올렸던 신하를 등장시켰을 뿐이다. 역사상의 군주는 사람을 먹을 수 있는 존재요, 그 신하는 총애를 얻기 위해서라면 군주에게 자식이라도 잡아 상에 올릴 수 있는 존재인 것이다.

서석림徐石林은 누구인가? 노신은 서석린徐石璘의 이름 가운데 끝 글자를 살짝 바꿔놓았다. 서석린은 만주족 정권을 무너뜨리기 위해 군대를 이끌고 은명을 공격하여 안휘성 성장을 암살했으나 자신도 붙잡혀 처형된 인물이다. 그가 처형되었을 때 군인들은 그의 육신을 먹어버렸다. 역사에서는 원수나 적의 고기를 씹어먹은 예가 자주 등장한다. 서석린은 새로운 세상을 건설하려다가 도리어 군인들의 원수가 되었고 그의 살은 군인들의 먹이가 되어버렸다.

같은 때 유명한 여성 혁명가 추근秋瑾이 처형되었다. 그녀가 참수당할 때 흘린 피는 옥리가 만두에 묻혀 결핵약으로 팔았다. 암울한 중국 역사를 바꿔보자고 연약한 여자의 몸으로 혁명의 기치를 들고 일어난 추근의 피가 결핵약으로 팔리는 현실이었다. 『광인일기』를 발표한 다음해, 노신은 이 사건을 소재로 『약藥』이라는 소설을 썼다.

누가 이 암울한 현실을 극복할 수 있단 말인가? 그리고 누가 그 암울한 현실의 배후에 짙게 드리워진 역사의 어두운 그림자를 걷을 수 있단 말인가? 내일은, 그리고 1백 년 뒤에는, 그 그림자의 그늘에서 벗어날 수 있을까? 역사의 어두운 그림자는 노신의 뇌리, 그리고 당시 중국인의 뇌리에 짙게 드리워져 있었다. 다만 그것을 자각하는 사람이 소수였을 뿐이고, 그것의 실체를 드러내 외친 사람은 더

소수였을 뿐이다. 그의 첫 번째 소설집의 제목이 『납함吶喊
『눌함으로 읽기도 함. 눌함은 더듬거림 의 뜻이고, 납함은 큰 소리로 외침
의 뜻임. 노신의 소설집 서문에 따르면 납함 이 옳다』인 것은 이 때문
이다.

2) 대동란의 기억

1980년 김관도金觀濤·유청봉劉青峰이 지은 『역사 현상의
배후在歷史的表象背後』가 출판되었다. 국내에서는 축약본을
하세봉이 번역하여 『중국사의 시스템이론적 분석』(신서원,
1995)이라는 제목으로 출판되었다.

김관도와 유청봉은 "중국은 왜 정체할 수밖에 없었는
가?" 라는 의문에 대한 자기 나름대로 해답을 얻기 위해 이
책을 썼다. 그는 "깊은 역사적 성찰의 한 파도가 바야흐로
우리의 시대를 휩쓸고 있다" 고 갈파하면서 성찰해야 할 가
장 중요한 주제로 "중국의 봉건 사회는 왜 2천 년의 오랜
기간 동안 지속되었는가?" 라는 질문을 제기했다.

1976년 모택동이 죽었다. 이로써 1966년부터 시작되어
10년 동안 소용돌이치며 재앙을 일으켜 온 문화혁명이 끝
났다. 1978년 문화혁명의 종료가 공식적으로 선언되었으

며, 등소평이 개혁 개방 노선을 천명하고 '4개 현대화'를 국가 정책의 핵심 과제로 제시했다. 이는 모택동의 '계속혁명론'을 부정하는 것을 의미했다. 아울러 중국 지도부 내지 지식인 계층 사이에는 권력이 당 지도자에게 과도하게 집중된 점과 개인숭배 및 당 간부의 특권화·세습화 현상이 결국 중국 역사 속에서 만들어진 해독이라는 자각이 큰 파도처럼 일렁이고 있었다.

이런 시점에서 참신한 시각을 가지고 집필된 김관도의 책은 수십만 부가 판매되어 사회적으로 큰 파장을 불러일으켰다. 그는 전근대 중국사가 발전없이 장기적으로 정체된 원인을 주기적으로 반복된 대동란에서 찾고자 했다. 그의 논리는 중국 역사에 대한 자각이자 어두운 역사에 대한 기억이다. 그 기억의 일부를 발췌해 보기로 하자.

중국 역사에서는 봉건 왕조가 성립·발전에서 융성으로 나갔다가 위기-동란-붕괴에 이르기까지 2·3백 년마다 격렬한 대동란이 발생했고, 그 과정에서 옛 왕조가 멸망하고 새 왕조가 대신 나타났는데, 여기에는 시간적으로 보아 일종의 주기성이 나타난다.

다른 세계에서는 통일 국가가 성립해서 지속된 예가 없다. 중국만이 진시황제가 즉위하여 대통일을 실현한 이래, 때때로 분열과 대동란을 거쳐 왕조가 교체되기는 했지만 황제를 정점으로 하는 통일된 중앙 집권 국가가 시종일관 유지되어 왔다. 중국의 통일 제국은 광대한 영토, 엄청난 인구, 찬란한 문명을 가지고 2천 년 동안 계속하여 존재했다. 대일통은 전근대 중국 사회의 구조적인 특징이다. 대일통은 일체화 구조에 의해 유지되며 경직성이 크다.

왕조 전기에 자작농이었던 농민은 왕조 후기에는 파산하여 전농(소작농)으로 전락한다. 이 때 농민들은 국가에 대한 세금(전부·잡세·요역) 외에 수확의 5할 내지 6할(국가 세금의 20배)을 지주에게 수탈당하지 않으면 안된다. 이런 상황은 농민들로 하여금 간단한 재생산 능력도 상실케 하여 죽음의 나락으로 몰아넣고, 통일 제국의 유지에 필요한 경제 조건을 와해시킨다. 이렇게 되면 국가의 재정은 고갈되어 국가의 방대한 지출을 감당할 수 없게 된다. 오직 농민의 고혈을 포식한 중간 수탈층만이 마치 암과 같이 갈수록 커져 결국은 국가 조직의 영양분을 먹어치우고 농민을 이판사판의 지경으로 몰아가, 국가는 전면적으로 붕괴되기에 이른다.

세계 고중세사에서 유독 중국에서만 2~3백 년 간격으로 전국적 범위의 대농민 반란이 일어났다. 유럽은 8세기에 이르러서야 겨우 농민 반란의 기록이 있지만 그 규모가 작았고 영향도 크지 않았다. 14세기에 이르러 영국의 유명한 와트 타일러 난, 체코의 타불파운동 이 일어났으나 참가자는 3·4만에 이르지 않았고, 6·7천 명인 경우도 있었다. 유럽 봉건 사회의 최대의 농민 반란은 16세기 독일에서 일어났지만, 이 경우도 10만여 명에 지나지 않았다. 요컨대 유럽 봉건 사회의 농민 반란을 중국의 농민 반란과 비교해 보면 전자는 규모도 크지 않았고 사회적으로 미친 작용도 강하지 않았던 것이 특징이다.

　따로따로 흩어져 살던 농민들이 분산성을 극복하고 전국적인 범위의 조직적인 반란과 혁명을 실현하기 위해서는 두 가지 조건이 갖춰져야 한다. 첫째로 반항자는 반드시 공동의 반항 목표를 가져야 한다. 둘째로 반항자는 상호 연계될 수 있는 조건을 가져서 때와 장소에 따라 집중될 수 있어야 한다. 유럽 봉건 사회에서는 영주가 영지를 독자적으로 지배했으므로 농노들의 원한도 개별 영주에 국한되어 있었다. 유럽 봉건 사회에서도 농노에 대한 수탈이 가혹한 때가 있어 마른 나무와 같이 수시로 사회에 불이 댕겨질 것 같았지만, 이런 이유로 반항은 분산성을 극복하지 못해 들판을 태울 듯한 불길로 발전될 수는 없었다.

　중국 봉건 사회의 독특한 종법 일체화 구조는 분산성을 극복하고 지역을 아우르는 봉건 대국을 조직했다. 그러나 이러한 종법 일체화 구조는 막을 수 없이 나날이 증가하는 조직 교란력을 만들어내어 사회 모순이 보편화된다.

이 때문에 황제나 탐관오리·세력가는 농민 반란군의 명확하고 통일된 타격 목표가 된다. 사회 전체에 조직 교란력이 증대하게 되면 전국 농민은 탐관오리·지주 세력가가 공동의 적이라는 사실을 용이하게 알게 되고 반항 목표는 쉽사리 집중된다. 대규모의 농민 반란은 중국 사회의 독특한 사회 구조 속에서만 나올 수 있는 것이었다.

왕조 전기에 조직 교란력이 상대적으로 작았을 때 농민 반란의 규모는 국부적이고 세력도 그다지 크지 않았다. 그들이 지향하는 반항의 목표도 탐관오리였지 황제는 아니었다. 왕조 말기에 조직 교란력이 전국 범위로 범람하고 관료 기구도 부패하게 되면 황제를 우두머리로 하는 관료 기구 전체가 전 농민의 일치된 공격 목표가 되어 농민 반란은 전국적 성격이 되게 마련이다.

혁명 조직의 핵심이 형성되는 이유는 봉건 사회에 존재한 종법 일체화의 구조와 조절이 혁명 조직의 핵심을 형성시켰기 때문이다. 진승·오광의 난 때 반란 조직의 핵심은 진나라의 무거운 요역과 학정이 만들었다. 모두 진나라 악정에 고통 받은 지 오래라는 공통 인식이 있었기 때문에 조직 핵심이 앞장서 점화하게 되자 불씨는 노도와 같은 불꽃으로 전국에 걸쳐 타올라, 전국적인 농민 반란으로 발전하게 되었던 것이다. 전국적인 농민 반란의 발화점과 조직의 핵심이 성립되는 지점은 대개 국가의 공공 사업이 시행될 때 인구가 집중하는 곳, 상업과 교통이 편리한 곳이다.

부패한 옛 왕조는 대 농민 반란의 맹렬한 타격으로 무너지나 수백만㎢에 달하고 인구 수천만의 통일된 봉건 대국이 십 몇 년, 길어도 20~30년의 짧은 시간 안에 기적적으로 새로이 건립된다.

중국 봉건 왕조 교체의 회복 메커니즘은 그 첫째가 대 농민 반란의 조절 작용이다. 바꾸어 말하면 부패물을 일소한 농민 전쟁의 역사적 작용이다. 탐관오리와 토호열신 土豪劣紳이 대대적으로 내쫓겨 토지 관계는 재조정되고, 대동란이 일체화에 독소가 되는 노폐물을 대청소하여 새로운 통일 왕조의 중건에 필요한 토양을 제공한다. 대 농민 반란이 관료·지주 세력가·토호열신·왕족 종실·귀족을 제거하게 되면 그들이 침탈 겸병한 대토지 소유를 둘러싼 문제도 동시에 해결되어 왕조가 새로 수립될 무렵에는 주인이 없이 버려진 토지가 매우 많아졌다.

표에서 보는 바와 같이 명 말기의 농민 반란의 결과 청 초기에 중원 일대에는 주인이 없는 황무지가 평균 54%였고, 어떤 현에서는 80~90%에 달했다.

대동란이 끝난 뒤 옛 주인이 돌아와 옛 토지를 다시 관리하는 경우도 있었지만, 대부분의 지주들은 대동란의 소용돌이 속에서 제거되었기 때문에 유민들이 정착하여

표				
연도	현	토지원액[경]	황무지	백분율
1645	숭 현	12,000	10,887	90.7%
1645	휘 현	8,716	3,355	38.5%
1645	기 현	5,016	3,897	77.7%
1646	이양현	4,881	1,577	32.7%
1646	임영현	10,693	2,069	19.3%
1646	서화현	12,637	4,725	37.4%
1646	보풍현	7,368	4,848	65.8%
1646	당 현	5,048	3,614	71.6%
1646	정진현	3,095	2,001	64.7%
1646	신양현	4,204	1,792	42.6%
1649	등봉현	6,657	5,221	78.4%
합계		80,279	43,986	54.8%

개간해서 새로운 주인이 된다. 이러한 상황은 청 초기뿐만
아니라 어느 왕조나 초기에는 유사했다.

전근대 중국 사회가 장기간 정체한 이유는 그 내부에
자본주의적 요소가 없었기 때문은 결코 아니다. 그 내부의
생산력이 더 이상 발전하지 않았기 때문도 아니다. 오히려
역사학자들을 놀라게 하는 것은 성대하게 발전했던 거의
대부분의 왕조에서 각종각양의 새로운 요소가 성장하고
있었다는 사실이다. 일례로 도시 상업과 비농업 인구의 발
전은 심지어 유럽 자본주의 초기 단계보다 결코 뒤떨어지

지 않았다. 그런 자본주의 맹아가 결합되지 못했기 때문에 자본주의로 나아갈 수 없었을 뿐이다.

자본주의 맹아가 결합되지 못한 첫째 원인은 전근대 중국의 도시가 일체화의 강력한 통제의 중심이었기 때문에 자본주의적 새 요소가 발육되어 결합할 수 있는 모체가 될 수 없었던 점이다. 맹아가 결합할 수 없었던 둘째 이유는 매개물 또는 후원자의 결여이다.

더구나 왕조 말기의 상황은 크게 달랐다. 종법 일체화 구조의 경직성으로 말미암아 정치 구조가 일단 붕괴하면 경제 구조도 곧이어 붕괴했고 사회는 무질서 상태로 빠져들었다. 통화 팽창도 파멸적인 성격을 띠고 있었다. 물가는 몇배 십몇배 정도가 아니라 백배 천배로 뛰었고 심지어는 1만 배가 넘게 폭등한 경우도 있었다.

이 과정에서는 늘 궤멸적인 파괴를 수반한다. 왕조 멸망 전후의 인구 파동을 보면 그 파괴성이 더할 나위없이 명백해진다. 진·한이 교체되는 8년 동안 전국 인구는 2천여 만에서 1천만 가량으로 격감하여 절반이나 줄었다. 후한 말년에 대동란이 빚어낸 파괴는 더욱 놀랄 정도였다. 후한의 인구는 5천여 만에 달했으나 대동란 뒤 삼국 시기는 7백만으로 원래 인구의 1/7에 불과했다.[『통전』권7, 식화]

조조가 서주를 격파했을 때 생매장한 강회 지방의 난민은 수만 명에 달하여 마침내 강회 일대가 텅 비고 민이 서로 잡아먹기에 이르렀다. 192년 동탁의 부하 장수 이각과 곽사가 장안을 파괴했을 때 "처음 황제[현제]가 관중에 들어왔을 때 삼보의 인구는 수십만이었다. 이곽과 곽사가 서로 공격하고 이어 황제가 낙양으로 돌아간 뒤 장안성은 40일 동안 무법천지여서, 강한 사람은 사방으로 흩어지고 약한 사람은 서로 잡아먹었다. 2·3년 동안 관중에는 다시 인적이 없었다" 고 한다.

수십만의 인구가 모여 살던 번화한 지역이 갑자기 2년 동안 서로 잡아먹어 남은 사람이 거의 없어지고 황폐하게 된 사실은 대지진을 연상시킨다. 황제 유협이 도망쳐 나와 거처한 곳은 넝쿨 가지로 문을 만든 집이었고 궁녀들은 먹을 것이 없어 대부분 도중에 굶어죽었다. 황제를 수행하던 관료들은 땔감을 마련하러 다니다가 종종 길에서 쓰러져 죽었다.

"원소袁紹가 하북에 있을 때 군인들은 오디로 허기를 채웠고, 원술袁術이 강회에 있을 때는 풀뿌리나 조개로 허기를 채웠다. 민들은 서로 잡아먹었으므로 마을들이 한산했다."

이러한 식인풍조는 동란 중에 일상적으로 일어났는데, 일찍이 공융孔融은 사람이 사람을 먹을 수 있었던 이론적 근거를 만들어낸 바 있다. 그는 모르는 사람을 먹는 것은 원숭이나 앵무새를 잡아먹는 것과 같다고 했다. 정욱程昱

이 조조에게 제공했던 군량 가운데는 건조시킨 사람 고기가 적지 않게 섞여 있었다.

수나라 인구는 거의 5천만이었고, 호수는 거의 9백만이었다. 그러나 당 초기 무덕 연간에는 전국에 2백여만 호가 있을 따름이었고, 정관 연간에는 총호수가 겨우 3백만에 달하여 수나라의 1/3에 불과했다. 이후 생산이 회복되고 인구도 5천만으로 상승했으나 당 말기의 대동란과 오대십국의 군벌 혼전을 거쳐 조광윤이 북송을 건립했을 때 전국에 등록된 호수는 3백만이었다. 송나라 시대의 인구는 6천만 가량으로 증가했으나, 어떤 학자는 송나라 시대의 인구 총수가 1억에 달했다고 추정한다. 원·명 양대를 거친 뒤 청 초기인 1655년의 인구는 1,403만 3,900명으로 명 말기 1626년의 총인구 5,165만 5,459명과 비교하여 20년의 짧은 기간에 수천만이 감소했다.

14세기 중엽에 유럽에서는 페스트가 유행하여 몇 년의 단기간에 인구가 1/3로 감소했다. 어떤 경제학자는 유럽 14세기의 경제 정체의 중요한 원인을 돌림병에서 찾고 있다. 그러나 이 때의 인구 소멸도 중국 대동란 때의 인구 살상과 비교하면 턱도 없다.

전근대 중국의 생산력 발전은 시지프스가 바위를 옮기는 것과 매우 흡사하다. 왕조가 안정된 2·3백 년간에는 생산력의 진보가 축적되었으나, 바위가 산꼭대기에서 굴러

내리는 것처럼 왕조가 붕괴되는 때에는 모든 것이 파괴되어 버리기 때문에 새 왕조는 축적을 다시 시작해야 했다. 진보적 요소의 맹아는 맹아-성장-궤멸을 반복하며 파괴되었다. 그 결과 맹아는 새로운 조직으로 구성된 큰 나무로 발육할 수가 없었다.

대동란이 주로 변화하고 부유했던 지역을 강타했던 것은 도시의 궤멸에서도 드러난다. 후한 말 대동란 속에 대군벌 동탁이 낙양성을 불사르고 헌제를 위협하여 서쪽 장안으로 옮기게 하고 낙양의 주민도 강제로 이주시켜 길거리에 시체가 쌓였다. 이런 궤멸적인 파괴 때문에 위 문제 때에 이르러서도 중원 일대는 인적이 드물었고 옛날 번화했던 도성인 낙양 부근은 나무가 무성했으며 논밭은 황무지가 되다시피 버려졌다. 당나라 시대 장안의 인구는 2백만에 가까웠으므로 오늘날의 서안보다도 컸다. 그런데 장안을 중심으로 경제가 번영했던 이 지역은 당말 오대의 대동란 속에서 큰 타격을 받았다.

송나라는 개봉을 도성으로 삼았다. 개봉은 성당盛唐 때 둘레 8.3㎞의 작은 성에 불과했는데 당 말기에는 둘레 56㎞의 대도시로 발전했다. 당 말기의 대동란 때 입은 파괴는 장안에 비해 적은 편이었다. 송나라가 개봉 일대를 전국에서 가장 번영한 지역으로 발전시키자 성의 사방 둘레는 193㎞에 달했고 인구는 백만을 넘었다. 그러나 대동란을 거친 뒤 1330년의 개봉 인구는 9만에 지나지 않았고, 둘레는 8.5㎞로 축소되어 6백 년 전 성당 시대의 규모로 축소되었다. 동시에 개봉을 중심으로 하는 화북 인구는 3천만 가량에서 1천만으로 줄었다. 마치 대윤회와 같은 6백 년이었다.

중국은 원나라 때 상당히 세련되고 선진적인 화폐 제도가 수립되었다. 그러나 원나라가 멸망한 이후 화폐 발행 준비금 제도 등 기타 과학적 방법은 계승되지 못했다. 이것은 중국의 장구한 역사에서 경제의 발전과 더불어 진보적인 맹아가 일부 탄생할 수 있었으나, 이러한 종자가 싹터 어린 싹으로 발육한다 해도 주기적인 대동란 중에 고사하고 말았음을 말한다. 태풍·폭우와 유사한 주기적 대동란은 경제 구조 속에서 싹터가는 새 요소인 어린 싹을 차례차례로 뽑아버렸고 생산 기술의 발전에 필요한 축적 과정을 파괴했던 것이다.

송나라 시대에 뛰어난 철 생산 기술을 개발했으나 이것이 후대에 계승 발전되지 못했다. 총포 기술도 마찬가지이다. 지남차도 마찬가지이다. 산업과 군사 부문에 있어서 선진적인 기술이 개발되고 응용되었지만 대부분 대동란에 의해 차례차례 사라지고 중단되었다.

주기적인 대동란이 생산력의 축적과 발전을 정지시켰고, 이 요인으로 말미암아 중국 고대의 생산 기술과 과학 발명은 전해지지 않았다. 전해지지 않았기 때문에 모든 것을 다시 시작하지 않으면 안되었다.

　중국 봉건 사회의 대동란은 창조없는 파괴 였고, 수확 없는 밭갈이 여서, 오랜 시일 동안 완만하게 축적된 과학과 기술이 몇백 년에 한 번씩 일어나는 대동란에 의해 완전히 파괴되었다.

3) 황하의 죽음에 대한 기억

　1988년 6월부터 중국 중앙TV를 통해 중국의 역사와 현실을 고발한 『하상河殤』이 6회에 걸쳐 방영되었다. 하상이란 '황하의 죽음'이라는 뜻이다. 『하상』을 기획하고 대본을 쓴 사람들은 소효강蘇曉康·왕로상汪魯湘 등 패기 넘치는 신예들이었다.

　『하상』이 방영된 뒤 전국 시청자들의 강력한 요청으로 8월에 재방영되었다. 그러나 재방영은 1회에 그치고 말았다. 그 동안 중국의 도시와 농촌, 언론과 교육 기관 및 관공서에서는 『하상』에 관한 논의가 분분하여 이른바 『하상』 열기가 고조되어 있었다. 해외 화교 사회에서도 큰 파문이 일었다. 미국에서는 『하상』 비디오테이프와 해설본(조일문

역, 평민사, 1990)이 불티나게 팔리고, 홍콩에서도 판을 거듭해서 1988년 말까지 무려 22판이 팔려나갔다.

문화혁명 10년은 중국을 무법천지로 몰아넣고 탄자니아·잠비아와 어깨를 나란히 하는 빈국으로 전락시킨 가장 어둡고 괴로운 시기였다. 『하상』의 작자들은 중국의 어둡고 괴로운 현실이 전통 문화의 산물임을 자각하고 이를 대중들과 공유하고자 했다.

그들은 중국 전통 문화의 상징으로 황하·용·만리장성 셋을 들었다. 황하로 흥망성쇠를 거듭한 중국 역사를 대표하게 하고, 용으로 군림과 복종 속에 살아온 중국을 돌아보게 하고, 만리장성으로 폐쇄와 보수의 그늘 아래 자존을 지켜온 생활 양식을 나타내고자 했다.

또한 『하상』은 황하·황토·황제·황인종으로 이룩된 중국 문화를 황색 문화라 하고, 이를 권위와 질서만을 중시하여 민주 의식이나 창조 정신 따위는 아예 외면해 버린 고색창연하고 무기력한 문화라고 비판했다. 이제 쇠미일로를 걸어온 황색 문화가 도달할 종말은 어디이겠는가? 중국 민족이 살아남을 수 있는 유일한 길은 해양 문명·공업 문명·현대 문명을 받아들이는 것뿐임을 강력히 시사했다. 『하상』의 줄거리를 통해 그들의 어두운 역사에 대한 기억을 따라가 보자.

황하가 잉태한 문명은 분명 인류 역사상 매우 선진적인 문명이다. 사나운 기후, 홍수와 황하의 범람과의 싸움이 중국인의 치수와 역법, 토지 측량과 농업 경작·가축 사육·도자기 제조·제련 등의 기술을 서방보다 최소한 1천 년을 앞서게 했다.

중화 문화는 외부 세계와 차단되어 있었다. 황하 유역 특히 중화 문화의 발상지인 중·하류 유역은, 북은 비교적 넘기 어려운 몽고의 고비사막 지대이고, 좀더 북쪽으로는 시베리아 대원시림과 동토 지대가 있다. 서북쪽으로는 1만 리 황사가 놓여 있어 극히 소수의 특별한 사람들만이 내왕했다. 서북쪽도 자연적인 교통 장벽이 가로막고 있고, 서남쪽으로는 세계에서 가장 험준한 청장고원이 있다. 동쪽으로는 태평양이 놓여 있다. 즉 황하 유역은 지리적으로 격리되어 있다.

내부적으로는 활동 영역이 비교적 넓고 중심부도 광활하다. 약 80만 ㎢(양자강 유역까지 포함), 그것도 비옥한 퇴적지다. 농경에 적합하다. 비옥한 중원지구는 수천 년 동안 시종 북방의 광활한 몽고고원을 마주보고 있었다. 유목 민족들은 때를 가리지 않고 탈취를 목표로 홍수처럼 세차게 밀려왔다. 그래서 중국 고대사는 거의 유목민과 농경민이 생존 공간을 쟁탈하는 역사로 점철되어 왔다.

고원은 응고되고 폐쇄되어 쉽게 접근할 수 없었다. 그

러나 내부로부터 결집된 힘과 충동을 평원으로 내보내기는 오히려 쉬웠다. 유목민의 가축은 일단 가뭄을 만나면 대량으로 죽게 마련이고, 그렇게 되면 합심 단결하여 고원에서 힘차게 밀고 내려온다. 이에 따라 인근 농업 문명이 재난을 입게 되는 것은 당연하다.

징기스칸의 사나운 기병들이 물밀 듯이 밀려올 때, 장성은 말할 것도 없고 황하·양자강과 같은 천연 요새도 이를 막아낼 도리가 없었다. 저들보다 월등히 높은 문명을 지닌 중국이었으나, 또 우국의 영웅들이 수없이 분전했으나, 사태를 돌이킬 수는 없었다.

중국 북부의 대지는 몇 번이나 상전桑田으로 바뀌고, 또 몇 번이나 목장으로 변했다. 장성의 남과 북은 싸움이 거듭될수록 백골이 쌓여갔다. 한나라 궁정의 궁녀들은 홀연히 궁을 떠나고, 공주는 화친의 길로 나섰다. 그런가 하면 별안간 이민족의 왕에게 조공을 바치며 칭신의 예를 드리기도 했다. 이러한 갖가지 역사의 희·비극이 거대한 만리장성을 배경삼아 번갈아 연출되었다.

16세기 척계광戚繼光은 왜구 침략에 대비하기 위해 해안에 장성을 쌓았다. 왜구는 바다를 건너 침략해 오는데 어찌 중국인들은 마냥 해변을 지키고만 있었더란 말인가? 당시 유럽 사람들은 이미 대포를 장착한 군함을 거느리고

도처에서 침략을 자행하고 있는데, 중국은 어쩌자고 만리 장성을 축조하는 것밖에 생각하지 못했을까?

현재 중국 사람들은 만리장성을 한없이 숭앙하고 있다. 사람들은 인류의 건조물 가운데 이 장성만이 유일하게 달에 간 우주인의 눈에 비쳤다고 해서 자부심을 느낀다. 심지어 이는 중국의 강성함을 상징한다고 억지풀이까지 한다. 그러나 장성은 역사적 운명이 만들어낸 하나의 거대한 비극적 기념비였다. 그것은 강대·진취·영광을 대표할 수 없다. 단지 폐쇄·보수 및 무능한 방어와 공격 회피의 비겁을 대표할 뿐이다.

중국에 있어 고대 과학의 발달이라 함은 주로 기술의 발달이었다. 4대 발명도 모두 기술의 발명이었다. 그것도 일반적인 기술이 아니라 국가 통일과 관련된 이를테면 통신·수리·군수 및 관영 수공업이었다. 즉 국가의 대일통과 관련되거나 지주 경제에 적합한 기술의 발달이었다.

동구의 사회주의 국가들이 사회주의를 포기하고 개혁 노선을 따랐다. 이 불가항력의 역사적 조류는 마침내 중국을 사회주의 국가 개혁의 커다란 조류 속으로 몰아넣었다. 동란의 수렁에서 만신창이가 되어 겨우 기어오른 중국이, 전통의 굴레 속에 수천 년 동안 갇혀 있던 중화 민족이 개혁의 와중에서 해결해야 할 문제는 소련이나 동구 여러 나라에 비해 훨씬 더 복잡하고 어려운 것이었다.

10년 전 굳게 닫혔던 울타리를 열어젖히고 새롭게 세계를 바라보았을 때였다. '과도기적 빈곤론'의 어쩔 수 없는 가난과 문화 독재의 적막 속에서 오래도록 살아온 중국인들은, 자본주의 서방 세계와 일본을 경이의 눈으로 바라보았다. 이러한 강렬한 자극이 오랫동안 잊고 있었던 해묵은 문제─공업 문명이 어째서 중국 역사에는 나타나지 않았는가─를 새삼 상기시켰다. 마르코 폴로가 그렇게 선망했던 중국 문명은 왜 발전하지 못하고 쇠퇴의 길로 접어들게 되었는가?

마음대로 징수하는 세금, 관료들의 부패, 대일통의 중앙집권제가 무거운 족쇄가 되어 과학 발전을 저해했으며, 자본주의는 맹아조차도 싹을 틔울 수 없었다.

어떤 홍수도 황하의 대홍수만큼 두려운 것은 없을 것이다. 『시경』의 시대부터 중국인들은 이런 탄식을 내뱉었다. "황하의 맑음을 기다림에 사람의 수명은 얼마리오?" 라고. 이처럼 황하는 중국의 전체 문명사에 항상 골칫거리였다. 지금 중국인에게는 또 하나의 무거운 탄식이 있다.

"왜 우리의 봉건 시대는 영원히 멈추지 않는 황하의 홍수처럼 오래 계속되는가?"

이것은 기나긴 악몽이다. 이것은 여산의 저 어마어마한 분묘로부터 끊임없이 발산되어, 2천 년 역사의 공간을 가득 채우고 있다. 근 1백 년 이래 여러 차례 그것을 무덤

속으로 장사지내 떠나보내려 했으나, 죽어서도 끝내 썩어 문드러지지 않았다.

홍수는 또 밀려올 것인가?

동란은 영원히 가버렸는가?

우리는 황하에 묻고, 역사에 묻는다.

황하의 범람이 기록된 것은 기원전 602년, 그 때부터 1938년 국민당이 화원구花園口정주 부근에서 제방을 무너뜨려 대홍수를 일으킬 때까지 2540년간 황하는 1,590차례 둑이 무너지고, 26차례나 물길을 크게 바꿨다. 수천 년간의 주기적 범람으로 화북고원의 옛 모습은 찾아볼 수 없게 되었으며, 사람들은 매몰되고 민생은 도탄에 빠졌다.

두려운 것은 이 주기적 훼멸이 중국에서는 자연 현상일 뿐만 아니라, 일종의 사회 역사 현상이라는 사실이다. 중국 역사상의 봉건 왕조는 그 건립으로부터 발전하기 시작하여 전성기에 이르렀다가 점차 위기 현상이 나타나 끝내 동란이 폭발하여 붕괴되고 말았다. 그리하여 2·3백 년 간격으로 격렬한 대혼란이 발생했다. 옛 왕조가 멸망하고 새 왕조가 흥기하는 데 있어서도 확실히 어떤 주기성을 띠고 있었다. 이른바 "오래 나뉘면 합쳐지고, 오래 합하면 반드시 나뉜다"는 현상이 마치 황하의 범람처럼 영원히 멈추지 않았다.

그러나 사회 구조의 붕괴는 결코 일부 이론이 내세우

는 바와 같이 어떤 혁명적 의의를 내포하고 있는 것이 아니었다. 오히려 그 구조의 붕괴가 놀랄 만한 파괴력과 잔혹성을 보이고 있는 데 있었다. 왕조 말기에 일어난 전란의 참화가 1천 리의 땅을 황무지로 변화시켰고, 성곽을 부수고, 인구를 격감시켰다는 데 논의의 요점이 있었을 뿐이다.

중국 문명의 새 인자의 싹은 이처럼 끊임없이 주기적 대동란 중에 요절하고 말았다. 사실 무서운 사회 동란은 오늘의 중국인의 입장에서 보면, 결코 아득한 옛 이야기도 아니요, 낯선 이야기도 아니다. '문혁' 동란은 지금으로부터 이미 11년의 세월에 걸쳐 세척되었지만, 그 깊은 상처는 아직도 사람들의 마음속에 남아 있다. 그러나 선량한 백성들은 문혁과 같은 동란이 해방된 지 불과 10여 년 만에 왜 다시 폭발했는지 생각해 보았을까? 그것은 고대의 주기적인 사회 혼란이 계속되고 있다는 뜻일까?

중국 국민은 영원히 동란이 재발되지 않기를 바라고 있다. 그것은 황하가 영원히 다시 범람하지 않기를 바라는 것과 같다. 그러나 홍수는 예측할 수 없는 것이다. 1975년 회하 지류가 하남성 남부에서 대홍수를 일으킨 뒤 황하수리위원회는 다음과 같이 경고했다.

황하는 어느 날 만년일우의 대홍수를 일으킬지 모른다. 일단 발생하면 둑이 북쪽으로 터지든 남쪽으로 터지든, 수조 원의 재산을 소멸시키고, 중국 현대화의 건설 사업에 막대한 위협을 주게 될 것이다.

다모클레스Damocles의 검은 바로 머리 위에 걸려 있으며, 그것이 언제 떨어질지 모르는 형편이다.

신비스러운 초안정 구조는 2천 년 동안이나 중국을 지배했다. 지금 자금성 안의 금가마와 옥좌는 이미 역사의 유물이 되고, 그 방대한 유가의 관료 조직도 잿더미와 연기로 변해 버렸다. 그러나 대일통의 유령은 아직도 중국 대지에서 떠돌아다니는 것 같다. 사회를 온통 뒤흔들어 놓았던 그 악몽은 아직도 사람들의 기억 속에 생생하게 남아 있다. 사람들이 끊임없이 높아지는 황하의 대제방을 깊이 우려하는 것과 마찬가지로, 장구한 세월 동안 유지되어 왔던 초안정이라는 것도 사람들의 우려를 자아내는 것은 아닐까?

왜 중국에서는 2·3백 년에 한 번씩 사회의 대붕괴가 발생했을까? 왜 이러한 붕괴는 중국 봉건 사회의 장기적인 정체를 가져왔을까? 누군가 이렇게 대답한다.

역사는 과거의 사실입니다. 그러나 저는 한 걸음 더 나아가 역사는 과거와 현재의 끊임없는 대화라고 생각합니다. 이러한 대화 속에 우리는 심각한 '우환' 의식을 가지게 될 것입니다. 이것은 현대인에게는 유익한 것입니다. 역사가 중국인에게 준 계시는 중국은 반드시 이 사회 변혁기에 파괴적 동란을 피해야 하고, 진보와 창조로써 동란에 대처해야 한다는 것입니다. 구시대의 것이 와해될 때에는 마땅히 옛것을 대체할 만한 요소를 발전시켜야 할 것입니다. 저는 지금 황하에 대한 우환 의식이나 중국에 대한 우환 의식을 막론하고 모두 좋은 일이라고 생각합니다. 위기의식을 가졌다는 것은 그 자체가 일종의 역사 의식을 가졌다는 표시이며, 전체 민이 역사적 관점에서 자신의 과거를 결산할 수 있도록 하는 것이기 때문입니다.

문혁 동란 중에 가장 어두운 비극이 연출된 한 장소가 있다. 이 곳 어두컴컴한 한 방에서, 친히 헌법과 공산당의 당규를 제정한 공화국 주석이 비밀리에 감금되어 생애 최후의 28일을 보냈다. 그가 죽었을 때, 그의 백발은 한 자나 자라 있었다고 한다.

한 공화국 주석의 운명은 한 시대의 운명을 대표한다고 할 수 있다. 법률이 일반 공민을 보호할 수 없을 때 그 법률은 결국 한 나라의 주석도 보호할 수 없다. 유소기劉少奇 동지의 백골만큼 동란의 참상과 시대의 비극을 잘 나타내고 있는 것은 다시없을 것이다. 그러나 동란의 근원은 그 개인의 운명으로 나타낼 수 있는 것은 아니다. 이것은 중국 민족 전체의 비극이다. 만일 중국의 사회 구조가 변하지 않는다면, 그리고 중국의 정치·경제·문화 및 사유 구조가 현대화되지 않는다면 누가 그런 비극이 재연되지 않는다고 보장할 수 있겠는가?

다만 우리들에게 위안이 되는 것은, 경제 체제의 개혁이 시작된 데 이어서, 마침내는 정치 체제의 개혁이 시도되었다는 사실이다. 이제는 전국인민대표대회에서 용감히 손을 들어 최초로 반대표를 던지는 일까지 일어났다. 이것은 큰 진보이다. 이러한 개혁이 어떤 장애와 시련에 부딪칠지라도 우리들은 오직 앞을 향해 나가야 한다. 우리의 뒷전에서는 홍수가 범람하고, 동란이 그치지 않았다. 우리는 기필코 전진하여 주기적으로 되풀이되는 역사의 순환을 깨뜨려 버려야 한다. 어쩌면 우리들은 좌절을 당할지도 모른다. 그러나 성공 직전에 실패를 맛보았던 곤鯀우 임금의 아버지. 황하치수에 실패한 인물의 전철을 밟는 것이어서는 안된다. 그의 실패를 딛고 일어서서 아들 우는 성공하지 않았던가?

우리들의 세대가 두 어깨로 그 우환의 무거운 짐을 짊어지자!

그것은 우리의 자손만대에 다시는 우환이 없도록 하기 위한 것이다.

무엇이 진정한 과학 정신인지, 이 황토의 대지는 우리

에게 가르쳐 주지 못했다. 무엇이 진정한 민주 의식인지, 이 방자한 황하는 우리에게 가르쳐 주지 못했다.

유가 문화는 쇠퇴의 길을 걸으면서 일종의 가공할 자살 기능을 형성하여, 끊임없이 민족의 정화를 파괴시키고, 내부의 생명적 요소를 압살함으로써, 이 민족이 대대로 쌓아온 정수를 질식시켜 버렸다. 비록 유가 문화가 천 년의 진귀한 보배를 지녔다 하더라도, 오늘날에는 옥과 돌이 모두 타버리는 옥석구분玉石俱焚의 화를 면할 수 없게 되었다

학생 운동의 수습 과정에 나타난 정치 지도자와 학생의 직접적 대화 형식은, 학생 운동에 참여한 절대 다수 대학생들의 목적, 즉 정치와 정책 결정의 투명도를 나타낸 것으로서, 일단 그 목적을 달성했다고 볼 수 있을 것이다. 이전 같으면 극히 삼엄하고 장중했던 고위 정치의 장에서도, 이제는 드디어 짙은 남색의 투명도가 나타나게 되었다. 중국의 대중 매체가 처음으로 비교적 중립적인 입장에서, 상층의 정책 결정자와 대중 사이의 상호 대화를 중개한 것이다. 그러나 전제주의 전통이 깊은 동방인에게는 민주란 도대체 무엇인가를 이해하기가 그리 쉽지 않다.

작자 중의 한 사람인 소효강은 다시 회상한다.

백 년 가까이 우리는 노상 지기만 했다. 처음에는 영국

인에게 지고, 이어서 8국 연합군에게 졌다. 나중에는 또 일본에게 졌다.

새 중국은 황제의 자손으로 하여금 세계의 면전에서 한바탕 의기양양한 모습을 드러내 보이고자 했다. 그러나 뉘라 짐작이나 했으랴! 30여 년 동안 자기가 자기를 할퀴는 내란에서 깨어나 보니, 우리는 결국 탄자니아·잠비아와 나란히 하는 빈국으로 전락하게 되었다는 것을. 한국·싱가포르·대만조차 우리들의 앞을 달리고 있지 않는가?

역시 작자 중의 한 사람인 왕로상王魯湘도 뒷날 회고담에서 다시 회상한다.

비행기가 진[산서성]·섬[섬서성] 협곡을 스쳐갈 때 나는 인류가 지표에 남긴 흔적에 놀라지 않을 수 없었습니다. 비행기에서 내려다본 산서의 지형은 꼭 군사지도 같았습니다. 어디서나 등고선이 이루어져 있었습니다. 이를테면 언덕이 온통 층층으로 된 사다리꼴의 수평 논밭으로 개조되어 있었습니다. 맨 꼭대기는 하나하나가 마치 계란말이 과자를 올려놓은 것 같았습니다. 저는 산서성 사람들의 근면성에 깊은 감명을 받았습니다. 그리고 그들의 견안불발 의 대채大寨정신 을 생각했습니다. 비행기가 황하를 지나자 땅 모양은 일변했습니다. 등고선은 없어지고 대지는 흉하기 짝이 없는 몰골로 바뀌었습니다. 보이는 곳마다 가파른 산지였습니다. 엉성하고 꺼칠꺼

칠한 황토가 산지에 걸쳐 있는 것 같은 모양이었습니다. 언제라도 비만 오면 씻겨 내려갈 것 같았습니다. 중력이 이 땅을 수직으로 갈라놓음으로써 생긴 하나하나의 흙기둥·흙탑은 마치 천년 고성이 무너진 뒤의 썩은 기둥처럼 흉했습니다. 또한 그것은 산불이 지나간 뒤의 고목인 양 앙상했습니다.

건조하고, 척박하고, 깊이 파이고, 찢어진 섬서성 북쪽 고원의 대지, 그리고 그 위에 깔린 빈곤·폐쇄·우매·무능 및 그 강렬한 번식력은 우리로 하여금 대자연의 고갈과 인류의 약탈이 다시 회복할 수 없는 지경에 이르렀다는 깊은 절망감을 느끼게 했습니다. 이것은 흡사 지난날 그처럼 휘황찬란했던 중국 문명을 경험한 노인이, 고집스럽게도 퇴락하고 황량한 고향에 남아 죽기를 기다리는 것 같았습니다.

왕로상은 외친다.

여기가 바로 하나님으로부터 버림받은 땅이로구나.

유소기나 주은래 같이 법치형에 속하는 공산당원은 국가의 법제 건설을 매우 중시했다. 유소기는 1955년 인민대표대회 위원장을 맡은 이후, 친히 신중국의 제1부 헌법을 제정했다. 주은래도 현대 국가의 모델에 따라, 세계에서 제일 큰 이 나라를 다스렸다.

그러나 그들은 그들을 타고 앉아서, 희노무상의 욕정

으로써 마음대로 헌법과 헌장을 뛰어넘는 더 높은 권위를 제지할 만한 정치 체제를 찾아내지 못했다. 이것은 일종의 '소홀'인가, 아니면 불가항력인가? 뒷날의 우리들이 깊이 생각하지 않을 수 없는 문제다.

소효강이 다시 회상한다.

영수領袖[모택동을 가리킴]도 사람이다. 사람은 누구나 약점을 가지고 있게 마련이다. 그에게 더 높고, 견제와 균형이 불가능한 권력이 주어졌을 때, 국가와 사회는 어떻게 그의 실수·과오 내지 자의적인 독주를 방지하거나 시정할 수 있었겠느냐?

1957년에서 문화혁명에 이르는 역사는, 당과 국가가 이 문제에 대해 속수무책이었음을 증명한 것이나 다름없다. 모택동의 과오는 하는 일마다 가중되고, 그의 전횡과 발호는 날이 갈수록 심화되었다. 모택동과 같은 개인 숭배형 지도자는 자신의 권위를 증명하기 위해 모든 규범과 법도를 아낌없이 깨버린다. 그로 인해 전민족이 막대한 재난을 입게 되었다. 신중국이 무법천지의 가공할 지경에 빠져든 데에는, 그 영수들의 작용 외에도 민족성 및 전통 관념과 매우 깊은 관계가 있다.

토론에 참여한 주유쟁朱維錚[상해 復旦대학 교수, 중국사 전공]이 지적한다.

『하상』의 기조는 중화 민족의 전통 문화의 상징인 황색 문명을 도마 위에 올려놓았다. 황색 문명은 이미 몰락하여 사망의 운명을 기다리고 있다. 중국은 현대화되어야 한다. 서양의 짙은 남색 문명을 완전히 수용하지 않는 한, 중국이 나아갈 길은 없다.

5.
어두운 그림자는
걷혔는가?

『하상』이 방영된 때로부터 17년이 흘렀다. 그 때부터 중국은 경제적으로 눈부시게 성장해 왔다. 20여 년 가까이 8%가 넘는 고도성장을 유지하면서, 2030년에는 국민총생산 면에서 일본을 능가하고 2050년에는 미국을 앞설 것이라는 전망이 나오고 있다. 등소평[鄧小平, 덩샤오핑]이 천명한 개혁 개방 정책과 사회주의 시장 경제 정책이 결실을 맺어 여러 분야에서 장밋빛 지표가 속속 발표되고 세계 언론은 이를 다투어 톱뉴스로 전하고 있다. 우리가 매일 접하는 뉴스 가운데는 현재 2위의 외환 보유고가 올해 말에는 1위로 올라설 것이라는 것, 신마저 버린 땅 서부의 사막과 고원이 세계의 공장이 되리라는 것, 2·3년 내에 모든 분야에서 한국의 기술 수준을 따라잡을 것이라는 것 등 머리가 어지러울 정도로 많은 새로운 지표들이 쏟아져 나오고 있다.

 그 동안에는 중국의 장래에 대한 부정적인 전망도 적지 않았다. 도시와 농촌 사이의 격차, 동부 해안과 서부 내륙 사이의 격차, 민족 사이의 격차, 개혁 개방 이후 점차 커지는 빈부 격차, 인구 밀집 지역인 황하 유역의 물 부족, 그리고 아직도 사회 전반에 만연되어 있는 부패 등의 문제가 중국의 발목을 잡을 수 있다는 부정적인 시각도 많았다. 이런 문제들은 금방 해소될 수 있는 성질의 것은 아닐 것이다.

 그렇지만 새로운 도약을 알리는 뉴스도 있다. 동·서 사이의 격차를 해소하고 균형적인 발전을 이루기 위해 천문학적인 재원을 투자하여 서부 내륙에 고속도로와 철로를 거미줄처럼 건설하고 있고, 이런 인프라가 바탕이 되어 국내외에서 엄청난 투자가 유입되어 조만간 세계의 공장이 되리라고 하니 서부의 낙후 문제는 조만간 해소될 듯이 보인다.

 사막의 지하에 엄청나게 매장되어 있는 석유와 가스를 4천㎞가 넘는 송유관과 가스관을 매설하여 상해 등 동부 대도시로 수송하게 되면 동부는 에너지 문제가 해결되고 그 대금이 서부로 흘러 들어갈 것이기 때문에 개발 재원을 확보하는 데도 어려움이 없을 것 같다. 황하 유역의 물 부족 문제는 양자강의 풍부한 수자원을 대형 송수관을 매설

하여 공급하려는 계획이 착착 진행 중이므로 조만간 해소
될지도 모르겠다.

현재 중국에서 벌어지거나 계획하고 있는 일들의 지표
들을 보면 2030년에 일본을 따라잡고 2050년에는 미국을
능가하여 최강대국의 위상을 차지하게 되리라는 전망은
조금도 틀림없는 것으로 보인다. 그렇지만 이런 지표들은
어디까지나 경제 분야에 관한 것이다. 근대화 내지 현대화
는 이런 지표들로 나타낼 수 없는 분야까지를 포함해서
요구하는 것이다.

1988년 당시의 지식인들이 "중국은 현대화되어야 한
다. 서양의 짙은 남색 문명을 완전히 수용하지 않는 한,
중국이 나아갈 길은 없다" 고 한 주장과 요구는 경제 분야
에 대한 것이라기보다는 오히려 비경제 분야, 즉 정치·사
회·문화 등 제반 분야에서의 민주화에 대한 것이다. 그들
은 영도자 한 사람의 권위가 신비화되고 극대화되었을 때,
그리고 국가의 정책 방향이 한 사람 또는 그가 속한 한
당파에 의해 결정되고 추진될 때 얼마나 큰 재앙으로 나타
나는지 10년 대동란의 혹독한 시련을 겪으면서 배웠다. 그
들이 당한 시련은 중국의 역사와 현실을 직시하고 대안을
찾기 위한 비싼 학비였다. 그들이 비싼 학비를 지불하고
배운 것은 서양의 남색 문명을 완전히 수용하지 않으면
자신들의 미래가 없다는 것이었다. 그러나 그들은 지불한

학비만큼의 과실을 얻지는 못했다.

　서양의 짙은 남색 문명은 경제 발전 외에 정치·사회·문화의 발전을 포함하고 있는 것이다. 즉 선거를 통해 지도자를 선출하여 자신들의 의사를 대변하게 하는 각급 단위에서의 민주화, 당국의 잘못된 정책 방향과 부정부패를 지적하고 억제할 수 있는 언론의 자유, 권력의 횡포에 저항할 수 있는 단체 행동권과 공동선을 위해 함께 참여할 수 있는 결사권, 그리고 신앙의 자유를 포함하는 것이다.

　이런 자유가 보장되어야만 비로소 진정한 현대화라 할 수 있다. 그렇지만 현재 북경 정부는 정치·집회·결사·언론·신앙의 자유를 허용하지 않고 있다. 경제적으로는 현대화되고 있다고 볼 수 있지만, 정치적·사회적·문화적으로는 현대화의 길을 걷지 못하고 있는 것이다. 이런 반쪽만의 현대화로는 한 세기 동안 걸어온 굴절된 근대화의 길에서 벗어날 수 없다.

　그런데도 중국의 위정자들이 반쪽만의 현대화의 길을 고집하는 이유는 무엇인가? 전 국가 주석이자 당서기였던 강택민江澤民 장쩌민이 홍콩 기자들에게 "너희는 대체 人體를 모르는 사람들이다"라고 힐난하면서 출입을 금지한 일이 있다.

　홍콩은 오랫동안 영국의 식민지로 있었기 때문에 자유로운 땅이고, 자유로운 땅에서 살아온 홍콩 사람들은 북경 정부에 대해 비판적이다. 특히 천안문 사태 이후 민주화 요구를 억압하고 민주 인사를 탄압하는 북경 정부에 대해 비판적인 분위기가 강했다. 이런 분위기는 대체로 언론의 주도 아래 형성되게 마련이다. 강택민은 홍콩 언론의 이 같은 비판적 분위기에 대해 강한 불만을 가지고 있었고, 마침내 그들의 출입을 금지하기에 이르렀다. '대체를 모른 다' 는 것이 출입 금지의 이유였다.

'대체를 모른다' 는 것은 무엇을 의미하는가? 사전적으로 대체大體 는 대국적인 도리 , 대국적인 요지大旨 또는 강령綱領을 뜻한다. 북경 정부가 자유를 허용하지 않고 서구식 민주 정치를 받아들이지 못하는 것은 대국적인 도리에 따라 그렇게 하는 것인데, 철부지 기자들이 대국적인 도리를 알지 못하고 비판만 하니 온당치 못하다는 것이다.

그의 논리를 좀더 부연해 보면 아마도 다음과 같을 것이다. 현재 중국이 해결해야 될 가장 중요한 과제는 경제 개발이다. 중구난방으로 떠들면 경제 개발의 속도를 내기 어렵고, 그렇게 되면 중국은 영원히 낙후성을 극복하지 못하고 빈국으로 전락하고 말 것이다. 더구나 집회 결사의 자유 또는 신앙의 자유를 허용하게 되면 집단 행동이 성행할 것인데, 그런 사태는 자칫 국가에 대한 반란으로 비화될지도 모르고 심지어는 대동란으로 발전하여 전체를 파멸로 몰아간다는 것은 역사가 증명하는 바가 아니냐? 너희들은 이런 역사의 거시적인 관점을 외면하고 민주화를 요구하고 개인의 인권 존중만을 요구하느냐? 필자가 강택민의 입장에서 대충 꾸려본 것인데 아마도 그의 논리와 크게 다르지는 않으리라.

이 같은 논리에도 일리가 있음은 틀림없다. 현재도 하루 1천 원 이하의 생활비로 사는 사람이 2억 이상이라고 하니 13억 명을 먹여 살리는 일이 그리 쉽겠는가? 중국인들의 생활 수준을 한국인들만큼 전력과 물을 사용할 수 있는 정도로 끌어올리려면 발전소는 얼마나 더 건설해야 되고 댐과 수도관은 얼마나 더 증설해야 하는가? 만약 중국인들의 3인 가족당 거주 공간을 한국의 국민 주택 규모로 공급하려면 얼마나 많은 건축 자재와 투자가 필요할 것인가? 아마도 전세계의 자원을 총동원해도 감당하지 못할 것이다.

이런 처지에서 인권이니 민주화니 하는 것을 요구하는 것은 너무 사치스럽다. 이런 문제들은 우리가 잘 알아서 해결할 터이니 너희들은 잔소리하지 말고 우리의 사업에 동참하고 협조만 하라. 잘하니 잘못하니 하고 멋대로 떠들거나 '이건 해라 저건 하지 마라' 하고 요구하는 것은 방해만 될 뿐이니 오직 우리가 하는 일을 선전하고 칭찬만 해라. 중국 위정자들의 언론에 대한 입장에는 이런 논리와 의식이 바탕에 깔려 있을 것이다.

그렇지만 만약 이런 논리가 언론을 통제하고 정부의 잘못이나 부정을 고발하는 보도를 탄압하는 데까지 이른다면 그것은 중대한 문제다. 얼마 전 우리나라 텔레비전 방송에서도 보도된 대로, 중국에서는 도시 민공民工농촌에서 이주한 잡역노동자들의 하루 생활비가 1위안130원이라고 한다. 그런데 한 끼 식사비로 1만 위안 이상 지출하는 것을 자랑으로 여기는 부유층이 늘어가고 있다고 한다. 1만 배의 빈부 격차인 셈이다. 장가 못 가는 노총각이 늘어가는데, 호화 아파트는 부패 관료와 신흥 부자들의 첩들이 점령하고 있다는 보도도 있다. 대형 부패 사건이 매년 몇 건씩 터지지만 그것을 보는 일반 민중은 빙산의 일각으로 간주한다. 정작 더 큰 권력형 비리는 손도 대지 못하고 있다거나 비호하고 있다고 보는 것이다.

언론이 통제되어 있어도 사람들은 알건 다 안다. 오히려 진실을 감추는 데서 사실이 확대 재생산되어 불신과 불만이 증폭되어 간다. 정부의 발표와 언론의 보도를 믿지 않게 된 것은 어제오늘의 이야기가 아니다. 보도가 통제된다고 해서 모두 감춰질 수 있는 것은 결코 아니지만 북경 정부는 일관되게 언론을 통제하고 있다. 언론 통제는 얻는 것보다 잃는 것이 클 수도 있다. 독재하는 일당과 전제적인 영도자의 잘못된 판단을 지적하고 제동을 걸 장치가 부재함으로써 빚어진 재앙은 이미 경험하지 않았던가?

집회·결사·신앙의 자유는 철저히 봉쇄되고 있지만, 매년 수만 건의 시위와 폭동이 일어나고 있는 것도 사실이다. 그 동안 이에 대한 보도가 통제되어 정확히 알려지지 않았을 뿐이다. 최근 책임있는 당국자가 정당한 시위는 허용할 것이라고 발표한 바 있다. 단체 행동은 허용하면 시위가 될 것이나 억제하면 폭동으로 변질될 것이다. 중국 역사에서 이런 폭동은 흔히 내란으로 이어지고 대반란으로 발전하여 전체를 파멸로 이끌었다.

위정자들이 두려워하는 것은 이 점일 것이나 정당한 시위를 허용하고 그 요구를 받아들일 태세를 갖춘다면 오히려 건전한 국가 사회 발전을 위해 좋은 토양이 될 것이다. 중국의 위정자들이 두려움에서 벗어나 민들의 단체 행동을 허용하고 나아가서는 언론자유 및 집회·결사, 그리고 신앙의 자유까지 허용하여 진정한 현대화의 길로 나아가게 될지 지켜볼 일이다.

등소평은 앞으로 50년 동안 패권 다툼을 하지 말라는 당부를 유훈으로 남겼다고 한다. 등소평이 패권 다툼을 하지 말라고 한 것은 중국 역사를 꿰뚫어 보고 경계한 것이다. 그렇지만 최근 호금도胡錦濤후진타오의 행보를 보면 이 유훈과는 거리가 있어 보인다.

중국은 역사상 대개 수세적인 외교 정책으로 일관해 왔다. 공세적인 외교 정책이 자칫 파국을 초래할 가능성이 있기 때문임은 앞에서 살펴본 바와 같다. 중국이 최근 거둔 일련의 성과로 인해 착시 현상을 일으켜 패권을 노리는 공세적인 대외 정책을 추진할 가능성을 배제할 수 없다. 때문에 미국과 일본도 중국의 동향에 민감하게 반응하고 있고 한국 정부도 고심하고 있는 듯하다.

호금도는 총명하고 신중하다는 인상을 준다. 그가 내부의 엄중한 문제들을 뒤로 하고 계속 공세적인 대외 정책을 추진할 것인지도 지켜볼 만한 대목이다.

□ 쉼터 □

[메 모]

[메 모]